DAS GROSSE
TRENNKOSTBUCH

DAS GROSSE TRENNKOSTBUCH

Ihr Weg zu Gesundheit, Schlankheit, Wohlbefinden

NAUMANN & GÖBEL

Inhalt

Trennkost leicht gemacht

Wenn wir von Trennkost sprechen, meinen wir die Trennkost-Lehre nach Dr. Hay (Hay'sche Trennkost). Im folgenden Ratgeberteil erfahren Sie, warum Trennkost so gesund ist und wie sie im Alltag durchgeführt werden kann. Viele Tips helfen Ihnen, schlank zu werden und zu bleiben.

Wie die Trennkost-Lehre entstand

Die Trennkost-Lehre wurde von dem amerikanischen Arzt Dr. Howard Hay (1866 - 1940) begründet und kam eigentlich schon Ende der zwanziger Jahre aus Amerika zu uns nach Europa. Hay entwickelte die Trennkosttheorie aufgrund seiner eigenen Krankheitsgeschichte: Er litt an der damals als unheilbar geltenden Brightschen Nierenkrankheit, der chronischen Nierenentzündung. Diese Krankheit ist mit massiven Eiweißverlusten verbunden, die den Körper stark schwächen, ausmergeln und die tägliche Ernährung zur damaligen Zeit vor große Probleme stellten. Bei Dr. Hay kamen schließlich ein hoher Blutdruck und Probleme mit dem Herzen hinzu. Als Arzt stand er seiner Krankheit hilflos gegenüber. Auch seine Kollegen hatten ihn schon aufgegeben. Während seiner Krankheit studierte Hay etliche Schriften über die Ernährung von Naturvölkern, ihre Krankheiten und ihre Lebensweise. Ihre Nahrung war naturbelassen, einfach und durch und durch vollwertig. Sie war auch bedarfsgerecht, denn Übergewicht war wenig verbreitet. Vor allem ernährungsbedingte Krankheiten, wie wir sie heute kennen, gab es überhaupt nicht. Die Menschen waren körperlich aktiv, lebten in einer intakten Umwelt und ernährten sich ausschließlich von der Natur, die sie umgab - und das erhielt sie widerstandsfähig und gesund.

Mit Vollwertkost gegen Zivilisationskrankheiten

Daß Zivilisationskrankheiten wie hoher Blutdruck, Diabetes, Gicht, Herz-Kreislauf-Erkrankungen, Blutfettstörungen, Verstopfung, Darmkrebs und sogar Zahnkaries bei Naturvölkern nicht vorkommen, machte Hay stutzig. Es schloß daraus, daß es an ihrer natürlichen, ursprünglichen Ernährung lag.

Bedacht, sein eigenes Leiden zu lindern, probierte Hay die Naturkost an sich selber aus. Er ernährte sich ausschließlich von naturbelassenen Lebensmitteln, strich Zucker, Weißmehl und stark verfeinerte Produkte von seinem Speisezettel und aß nur soviel, wie er zur Erhaltung seiner Lebenskraft brauchte. Damit erreichte er eine vollständige Heilung und gewann seine Arbeitskraft zurück. Nach seiner Genesung, die seine Kollegen damals gar nicht fassen konnten, erarbeitete Dr. Hay Therapiekonzepte, deren Basis die natürliche Ernährung war. Er war überzeugt davon, daß sich der Körper nur dann gesund entwickelt und auch gesund bleibt, wenn die Zellen durch eine gesunde Ernährung optimal versorgt werden. Heute ist dieses Wissen Standard, doch zu Hays Zeit steckte die Ernährungswissenschaft noch in den Anfängen und man glaubte nicht so recht an die Vielfältigkeit des Einflusses, den unsere Ernährung auf die Gesundheit hat. Hay nahm die Normalkost unter die Lupe und stellte fest, daß sie sich gänzlich von der natürlichen Ernährung entfernt hatte:

Zu viel Eiweiß, vor allem zu viele tierische Produkte, auch der hohe Konsum an Zucker- und Weißmehlprodukten gaben zu denken. Pflanzenkost, insbesondere Rohkost und Vollkorngetreide, waren immer mehr ins Abseits geraten. Entsprechend häufig beobachtete er ernährungsbedingte Krankheiten, aber auch die Gleichgültigkeit gegenüber dem, was man ißt, die Unzufriedenheit und vor allem eine gewisse "Müdigkeit" der Menschen - sprich eine rasch nachlassende Leistungsfähigkeit - fiel ihm auf. Wir wissen heute, daß es einen direkten Zusammenhang zwischen körperlicher und geistiger Leistungsfähigkeit und gesunder Ernährung gibt; Dr. Hay mußte dieses Phänomen erst ergründen und fand seine Ursachen auch tatsächlich in der falschen Ernährung.

Von Säuren und Basen

Wenn unser Körper Nahrung abbaut, zerlegt und verstoffwechselt, entstehen - je nach Lebensmittel - saure und/oder basisch reagierende Substanzen. Der Körper ist jedoch bestrebt, zwischen den Säuren und den Basen ein Gleichgewicht herzustellen und besitzt dafür in seinem Verdauungstrakt und im Blut eigene Puffersysteme, die diese Stoffe abfangen und neutralisieren. Für die normale, ausgewogene und gesunde Kost reichen die körpereigenen Puffer aus. Ist die Nahrung aber sehr eiweiß- oder kohlenhydratreich (vor allem reich an Zucker!), kann nach Hays Vorstellungen beim Abbau ein Säureüberschuß entstehen, denn diese Nahrungsmittel zählen nach Dr. Hay zu den Säurebildnern. Diese wiederum macht er mitverantwortlich für die Entstehung vieler Krankheiten.

In der Praxis bedeutet das, eiweißreiche Nahrungsmittel nicht mit kohlenhydratreichen zu kombinieren, weil beide überwiegend Säuren bilden und zusammen eine noch stärkere Säurebildung nach sich ziehen als "solo". Besser ist es, sie zu trennen und jeweils mit reichlich Basenbildnern zu ergänzen. Gemüse dagegen ist eher basenbildend. Hay fordert deshalb, den Anteil an Gemüsekost in der Ernährung zu erhöhen, um einer Übersäuerung des Organismus entgegenzuwirken. Er plädiert für ein Verhältnis von Säure- zu Basenbildnern von 20 : 80 Prozent. Für eine Mahlzeit würde dies heißen, 100 g Fleisch oder Fisch (eiweißreiche Lebensmittel) mit 400 g Gemüse oder aber 100 g Nudeln oder Reis (kohlenhydratreiche Lebensmittel) mit 400 g Gemüse zu kombinieren.

Die „chemischen Verdauungsgesetze"

Ausschlaggebend für die Trennung von kohlenhydrat- und eiweißreichen Produkten innerhalb einer Mahlzeit waren nach der Hay'schen Theorie allerdings auch die "chemischen Verdauungsgesetze". Hay vertrat nämlich die Ansicht, daß Kohlenhydrate und Eiweiß im Körper an verschiedenen Stellen abgebaut würden und der Abbau des einen Nährstoffs den des anderen behindert und umgekehrt. So würde der Körper bei der Aufnahme einer gleichzeitig eiweiß- und kohlenhydratreichen Mahlzeit unnötig belastet, die Resorption der Nährstoffe behindert und verzögert. Hay ging außerdem davon aus, daß der Körper Eiweiß morgens und mittags besser verstoffwechseln könne als abends. Er empfiehlt deshalb, Eiweiß und Kohlenhydrate in einer bestimmten Reihenfolge über den Tag verteilt zu sich zu nehmen. Wird vorwiegend nur einer dieser Nährstoffe aufgenommen und geschieht dies zum jeweils richtigen Zeitpunkt, so würden die Verdauungsvorgänge geordnet ablaufen. Darüberhinaus fallen durch die Trennung weniger Säureüberschüsse an. Angesichts dieser Vorteile, die Hay in der Trennung von Eiweiß und Kohlenhydraten innerhalb einer Mahlzeit sah, schuf er sein-Trennkost-Prinzip, das heute eine sehr große Anhängerschaft nicht nur in Amerika hat.

Was ist dran an der Trennkost?

Die Trennkost "boomt"! Sie hat auch bei uns viele Verfechter und Freunde gefunden, wird aber trotz alledem von der modernen Ernährungswissenschaft belächelt. Was ist nun wirklich dran an ihrem Erfolg?

Heute ist erwiesen, daß Hays Vorstellungen von den "chemischen Verdauungsgesetzen" nicht ganz den physiologischen Vorgängen entsprechen. Die Verdauung ist ein komplizierter Prozeß, an dem mehrere Organe gleichzeitig beteiligt sind und bei dem einzelne Abläufe ineinander greifen. Vielfach unterstützt die gleichzeitige Anwesenheit verschiedener Nähr- und Wirkstoffe sogar deren Abbau und Resorption. Nicht unerheblich ist auch die Sättigungswirkung von Nährstoffkombinationen und deren Einfluß auf den Blutzuckerspiegel. Diese Dinge konnte Hay in allen Einzelheiten noch nicht wissen. Man muß ihm aber zugute halten, daß er unsere Ernährungsfehler richtig und eindeutig erkannt hat: Die Überernährung, die Fleischlastigkeit und der Rückgang an Pflanzenkost sind zum großen Teil mitschuldig an den Zivilisationskrankheiten. Mit der Trennkost kann eine Umkehr gelingen. Die Beschäftigung mit dem eigenen Eßverhalten, mit der Zusammensetzung der Lebensmittel, der Weg "zurück zur Natur" und damit auch eine höhere Bewertung pflanzlicher Produkte bringt in den meisten Fällen sicht- und spürbare Erfolge für das körperliche Wohlbefinden: Übergewichtige nehmen ab, Diätgeschädigte stabilisieren endlich ihr Gewicht, Bluthochdruckkranke normalisieren ihren Blutdruck, Diabetiker bekommen ihre Krankheit besser in den Griff, Darmträgheit wird beseitigt... ! Dies alles ist keineswegs auf eine besondere "Heilkost" zurückzuführen, sondern auf eine gesunde, vollwertige und ballaststoffreiche Ernährung, wie sie auch von Ärzten und Ernährungswissenschaftlern propa-

giert wird. Der Unterschied zwischen der Trennkost und diesen Empfehlungen ist im Grunde gering, er besteht lediglich in der Trennung von Eiweiß und Kohlenhydraten. Denn in der Hay'schen Trennkost ist - im Gegensatz zu vielen anderen Kostformen - nichts wirklich verboten. Alles, was gesund und vollwertig ist, ist erlaubt: Fleisch genauso wie Eier, Milch, Butter, Käse und sogar alkoholische Getränke sind gelegentlich in normalen Mengen gestattet. Die Trennkost ist deshalb eine Spielart der Vollwertkost.

Grundsätzlich ist aber eine **völlige** Trennung von Eiweiß und Kohlenhydraten nicht möglich, das verlangt die Trennkost auch nicht. Denn Dr. Hay war klar, daß unsere Lebensmittel Stoffgemische sind, die aus sehr vielen Nähr- und Aufbaustoffen in mehr oder weniger großen Mengen bestehen. Selbst die Muttermilch, das natürlichste und für den Säugling wertvollste Nahrungsmittel überhaupt, enthält sowohl Kohlenhydrate (in Form von Milchzucker) als auch Eiweiß (in Form von Milcheiweiß).

Schwerpunkt Pflanzenkost

Durch die Trennung von Eiweiß und Kohlenhydratprodukten werden Sie allmählich zu dem hingeführt, worauf es ankommt - nämlich den Schwerpunkt auf pflanzliche Produkte zu setzen. So werden Sie schneller satt - bei weniger Kalorien, weniger tierischem Eiweiß und tierischem Fett, weniger Cholesterin, weniger Purin. Dafür sind die Mahlzeiten vitamin- und mineralstoffreich, enthalten viele Ballaststoffe sowie Schutzstoffe für die körpereigene Immunabwehr.

Mit Trennkost abnehmen?

Abspeckerfolge mit der Trennkost haben schon viele Frauen, unter ihnen auch Filmschauspielerinnen und Fotomodelle, bestätigt. Es funktioniert: Mit der Trennkost kann man Pfunde verlieren, bleibt aber dabei leistungsfähig und gut gelaunt. Der Grund ist ganz einfach: Die Gemüseportionen sind groß bemessen, die Fleischportionen klein. Die Kost besteht also größtenteils aus kalorienarmer Pflanzenkost, die aufgrund ihres Ballaststoffgehalts anhaltend sättigt und die Verdauung normalisiert. Und weil sie reich an Vitaminen und Mineralstoffen ist, bleibt der Körper fit und belastbar - was für Berufstätige wichtig ist.

Trennkost schmeckt und macht satt

Der Erfolg der Trennkost beruht nicht zuletzt auch auf psychologischen und die Sinne ansprechenden Wirkungen, die man bei einer Ernährungsumstellung nicht außer acht lassen darf: Köstliche und raffinierte Rezepte, vielseitig zusammengestellt, anregend gewürzt und appetitlich angerichtet, lassen einen nicht vermuten, daß es sich um Trennkost oder gar um "Diät" handelt. Im Gegenteil: Volle Teller, knackig-frisches Gemüse, würzige Kräuter und Sprossen, herzhaftes Brot, feine Käsesorten, hochwertiges Fleisch, delikater Fisch und Meeresfrüchte lassen einem das Wasser im Munde zusammenlaufen. Auch auf Desserts wie Cremes, Eis, Sorbets und exotische Früchte braucht keiner zu verzichten. Und zum Frühstück und zwischendurch gibt es für jeden Geschmack ebenfalls reichlich Rezeptideen. Mit Trennkost wird man satt, auch bei weniger Kalorien, denn sie besteht zu einem großen Teil aus Frischkost und Vollkornprodukten. Es kommt vor allem auf die Qualität der Rohstoffe, die Frische der Produkte und auf die Zubereitung an. Man muß kein Kochkünstler sein, um trennkostgerecht zu kochen - das möchten wir Ihnen mit unseren Rezeptideen beweisen!

Trennkost ersetzt keine Medizin!

Wenngleich Hay durch seine Ernährungsumstellung einen beachtlichen Heilungserfolg an sich selber feststellte und auch viele wirklich kranke Patienten durch seine Ernährungstherapie Heilung und Besserung erfuhren, darf man die Hay'sche Trennkost nicht pauschal als "Heilkost" einstufen. Die Wissenschaftler sind sich heute einig darüber, daß eine gesunde, vollwertige Ernährung gewissen Krankheiten zwar vorbeugen kann und sich viele durch ein vernünftiges Eßverhalten lindern und besser behandeln lassen. Dies gilt allerdings vorwiegend für die ernährungsabhängigen Erkrankungen (beispielsweise Bluthochdruck, Gallensteine, Zuckerkrankheit oder Gicht).

Der hauptsächliche Nutzen der Trennkost kann deshalb nicht darin gesehen werden, nach einigen Tagen beschwerdefrei zu sein, sondern vielmehr darin, seine Ernährungsprobleme erst einmal zu erkennen und dann mit Hilfe der Hay'schen Trennkost den ersten und wichtigsten Schritt zu einer gesunden Dauerkost und damit zu mehr körperlichem Wohlbefinden zu tun.

Die besten Tips für Ihren Weg zu Gesundheit, Schlankheit und Wohlbefinden

Wer sich für die Trennkost entscheidet, sollte nicht nur daran denken, ab jetzt seine Ernährung auf Trennkost umzustellen, Vollwertiges einzukaufen und frischebetont zu kochen. Parallel zur Ernährungsumstellung sollte auch ein ganzheitliches Umdenken erfolgen: Im Augenblick sind Sie unzufrieden mit sich, entweder fühlen Sie sich einfach nicht wohl in Ihrer Haut, oder Sie finden sich zu dick, nicht ausgeglichen, zu hektisch, nervös oder sonst irgendwie körperlich oder seelisch nicht im Lot. Es drängt Sie danach, das zu ändern - und Sie wollen es mit der Trennkost versuchen. Seien Sie sich aber klar darüber: Die Trennkost ist keine Medizin, die von heute auf morgen von einer Krankheit heilt, und sie ist kein Seelenpflaster! Kummer und Probleme beseitigt sie nicht, sie kann Ihnen aber durchaus zu mehr Ausgeglichkeit, mehr Lebensfreude und zu neuem Schwung verhelfen - wenn Sie das Ihre dazu tun! Und wenn Sie dann besser mit sich selbst zurechtkommen, kann dies für die Łösung Ihrer anderen Probleme nur gut sein!

Steigen Sie positiv gestimmt in die Trennkost ein! Denken Sie jetzt nicht an Ihre Figurprobleme, nicht an die Arbeit und nicht an den alltäglichen Ärger! Versuchen Sie, in jeder Sache auch etwas Gutes zu sehen: Wenn Sie ein bißchen mollig sind, haben Sie vielleicht wunderschönes Haar oder eine besonders zarte Haut oder schöne Hände und Fingernägel. Sie sind zwar oft im Streß, dafür schätzt Ihr Chef Ihre Einsatzbereitschaft und honoriert sie entsprechend. Wenn Sie sich über Mann und Kinder ärgern müssen, denken Sie einfach daran, wie wichtig Sie für sie sind, daß Sie doch eigentlich alle sehr lieben und daß Sie selbst auch manchmal Ihre kleinen Macken haben.

Lassen Sie doch viel öfter fünf gerade sein, fühlen Sie sich nicht immer allein für alles verantwortlich - für eine harmonische Beziehung, den Erfolg Ihrer Kinder in der Schule, die Stimmung Ihrer Kollegen oder einen perfekt geführten Haushalt. Denn es sind im Grund die vielen kleinen Dinge, die einen fertigmachen, wenn sie negativ sind. Es sind aber auch die kleinen Dinge, die, wenn sie positiv sind, einen ungeheuer aufbauen und glücklich machen. Denken Sie nur einmal an das liebevolle Küßchen Ihres Partners am Morgen, ein "Tschüß, mein Schatz" unter der Haustür, einen kleinen Blumenstrauß "einfach so", ein selbstgemaltes Bild Ihres Sprößlings, ein Lob vom Chef, an die langersehnte Blüte Ihres Hibiskusbäumchens oder an andere kleine Freuden des Alltags, die wir vor lauter selbstgestrickten Problemen oft gar nicht mehr wahrnehmen.

Und dann fangen Sie schon morgen an, nach der Trennkost zu leben. Setzen Sie sich keine Ziele, sondern beginnen Sie einfach und lassen Sie alles auf sich zukommen. Nährstoffmangelerscheinungen brauchen Sie nicht zu fürchten - im Gegenteil! Bestehende Versorgungslücken, die durch ein falsche Nahrungsauswahl, durch Einseitigkeit oder durch mangelnde Frische entstanden sind, werden rasch geschlossen. Vielleicht spüren Sie bald, wie Sie sich zusehends besser und wohler fühlen, wie überflüssige Pfunde schwinden, wie Sie sich mehr und mehr wieder selber mögen. Erst dann sollten Sie sich überlegen, was Sie mit der Trennkost erreichen wollen und wie konsequent Sie sie weiter durchführen möchten. Die Trennkost soll nämlich in diesem Buch als Wegbereiter zu einer gesunden Dauerkost verstanden werden, die ganz alleine Ihren Wünschen und Bedürfnissen entsprechen muß, deren Basis aber stets die Vollwertkost sein sollte.

Damit Sie das Trennkost-Prinzip ganz individuell für sich in die Praxis umsetzen können, geben wir Ihnen auf den folgenden Seiten die wichtigsten Tips.

Trennkostgerecht essen

Die Trennung der Lebensmittel

In der Hay'schen Trennkost werden 3 Gruppen von Lebensmitteln unterschieden: Die der Eiweißgruppe, die der Kohlenhydratgruppe und die der neutralen Gruppe. Ausschlaggebend für die Gruppenzugehörigkeit sind die Stoffwechselprodukte (Säuren oder Basen), die beim Abbau des jeweiligen Lebensmittels überwiegend anfallen. Es ist also bei den Produkten der Eiweißgruppe nicht allein der jeweilige Eiweißgehalt entscheidend, sondern es kommt vielmehr darauf an, in welcher Form das Eiweiß im Produkt vorliegt (erhitzt, denaturiert oder roh), welche anderen Nährstoffe noch enthalten sind (Eiweiß kommt häufig zusammen mit Fett vor!) und in welcher Menge Säuren bei seinem Abbau entstehen.

Außerdem gibt es etliche Produkte, die in der Trennkost gemieden werden sollten. Die Ernährung muß konsequent vollwertig sein, deshalb gelten Fertigprodukte, Konserven etc. als "nicht empfehlenswert".

Das sollten Sie meiden:

Zucker und Weißmehl sowie Produkte daraus, alle Fertigprodukte und Konserven, auch fertige Fruchtquarkzubereitungen, Fruchtjoghurts, fertige Suppen oder Saucen (erlaubt ist zum Würzen Hefeextrakt und Instant-Gemüsebrühe), Ketchup, fertige Mayonnaise (evtl. selbermachen!). Tk-Produkte sind als Alternative zu frischer Ware erlaubt. Würzen Sie mit wenig Meersalz, meiden Sie Essig und Essig-Essenz. (Näheres entnehmen Sie dem Trennungsplan auf den Seiten 18 bis 21).

1. Die Produkte der Eiweißgruppe

Hierzu zählen alle gegarten Fleisch-, Fisch - und Geflügelarten, Meeresfrüchte, Eier, Eiweiß, Milch, Käse bis 45% Fett i. Tr., außerdem die meisten frischen Früchte wie Beerenfrüchte, Stein- und Kernobst, knackigfrische, säuerliche Äpfel, Zitrusfrüchte, exotische Früchte (außer Feigen, Datteln, Bananen und Heidelbeeren). Auch Fruchtsäfte und Wein gehören in die Eiweißgruppe. Getrocknete Hülsenfrüchte, die als Eiweißlieferanten bekannt sind, werden in der Trennkost gemieden, denn sie enthalten sowohl reichlich Eiweiß, als auch Kohlenhydrate (siehe auch Seite 21).

2. Die Produkte der Kohlenhydratgruppe

Sie umfaßt alle Mehle, Stärken und andere Getreideprodukte (Müsliflocken, Brot, Teigwaren, Grieß, ganze Körner, Backpulver, Puddingpulver), Kartoffeln, Reis, mürbe, süße Äpfel, Bananen, Trockenfrüchte (außer Feigen, Datteln und Rosinen) und alle Süßungsmittel. Von den Getränken gehört Bier zu den Kohlenhydraten.

3. Die Produkte der neutralen Gruppe

Hier finden sich fast alle Gemüsearten, alle gesäuerten Milchprodukte, Frischkäse aller Fettstufen, Käsesorten der Rahm- und Doppelrahmstufe (über 50% Fett . Tr.), Sahne, Crème fraîche, Kräuter, Sprossen, Gewürze, Heidelbeeren, Rosinen, Samen, Nüsse, Fette und Öle sowie Eigelb. Rohes Fleisch, roher Fisch (z.B. Matjes) und rohgeräucherte Fleisch- und Fischwaren sind neutral. Hochprozentige Spirituosen werden ebenfalls in diese Gruppe gerechnet. Sie sollten nur in kleinen Mengen verwendet werden.

Was in der Küchenpraxis anders ist

Die Trennung könnte für manch eingefleischten Küchenprofi kleine Probleme bringen, nämlich dann, wenn er sich von klassischen Zubereitungsarten verabschieden muß. Hier eine kleine Übersicht über die wichtigsten Änderungen, die das Trennkostprinzip verlangt. Natürlich hat das Ganze mit der Gruppenzugehörigkeit der Nahrungsmittel zu tun, wenngleich es dem Trennkost-Einsteiger vielleicht nicht sofort klar ist.

Speisen binden:
Eiweißhaltige Speisen wie zum Beispiel geschnetzeltes Fleisch mit Sauce binden Sie mit Biobin, einem Bindemittel aus Johannisbrotkernmehl, das kohlenhydratfrei ist. Es gilt als neutral. Es wird sehr sparsam verwendet (in der Dose befindet sich ein Meßlöffel!) und hat pro 100 Gramm nur 30 Kalorien. Da man es grammweise verwendet, fallen die Kalorien überhaupt nicht ins Gewicht. Biobin eignet sich zum Binden und Andicken von warmen und kalten Speisen, so zum Beispiel für Saucen aller Art, sämige Suppen, Kaltschalen aus Früchten, Desserts und Cremes. Es wird in die kalte Speise eingerührt oder in etwas kalter Flüssigkeit angerührt.

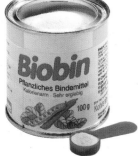

Salatdressings zubereiten:
Wenn der Salat aus Zutaten der Eiweißgruppe (Gegartes Fleisch, Fisch, Früchte, Käse unter 45% F. i. Tr.) besteht, bereiten Sie dafür ein Dressing aus Zitrussaft (Eiweißgruppe) und Sauermilchprodukten, Sahne oder Öl

zu (alle neutral). Neutral und damit fürs Dressing geeignet ist auch selbstgemachte Mayonnaise (bitte die Kalorien beachten!). Für Kohlenhydratsalate (aus Kartoffeln, Reis, Nudeln, Getreide) verwenden Sie ausschließlich neutrale Dressings, zum Beispiel aus Sahne, Sauermilchprodukten (Joghurt, Buttermilch, Kefir, Dickmilch), für die Säurekomponente nehmen Sie vergorenes Molkenkonzentrat (Molkosan) oder Brottrunk (gibt es im Reformhaus und in vielen Bäckereien). Würzen Sie Ihr Dressing mit Kräutern, mischen Sie frische Keimlinge darunter und schmecken Sie mit Gewürzen und mit wenig Meersalz ab.

Fleisch panieren:
Fleisch zählt zur Eiweißgruppe, die herkömmliche Panade, die Mehl und Semmelbrösel oder Paniermehl enthält, wird zu den Kohlenhydraten gerechnet. Für das Panieren von Fleisch und Fisch sollten Sie deshalb Produkte der neutralen oder der Eiweißgruppe verwenden: Sie können das gewürzte Fleisch in Sojamehl wenden (Eiweißgruppe), dann durch verquirltes Ei ziehen (Eiweißgruppe) und in feingemahlenen Nüssen (neutrale Gruppe) wenden. Unter die Nüsse können Sie auch geriebenen Parmesan (Eiweißgruppe) mischen. Die Kruste ist natürlich nicht ganz so schön wie bei herkömmlich paniertem Fleisch, aber das Ausprobieren lohnt sich. Natürlich können Sie auch auf das Panieren verzichten, es ist nämlich eine recht kalorienreiche Angelegenheit, zumal sowohl die Panade mit Nüssen und Käse relativ viel Fett enthält und Sie Paniertes auch in mehr Fett braten müssen. Ihr gutes, teures Fleisch oder das Fischfilet bringen ohne Panade gebraten also viel weniger Kalorien auf den Teller!

Desserts verfestigen:
Kohlenhydrat-Desserts verfestigen Sie mit den üblichen Speisestärken (Kohlenhydratgruppe) oder mit neutralen Gelier- und Bindemitteln wie Gelatine, Agar-Agar, Biobin, geschlagener Sahne, Eigelb. Für Desserts der Eiweißgruppe eignen sich ausschließlich die letztgenannten, neutralen Gelier- und Bindemittel. Eischnee zur Lockerung und Volumenvergrößerung von Cremespeisen, wie man ihn zum Beispiel für die herkömmliche Weinschaumcreme verwendet, wird in der Trennkost abgelehnt, weil es sich dabei um rohes Eiklar handelt.

Besonderheit: Der Apfel
Der Apfel nimmt in der Trennkost eine "Zwitterstellung" ein: Ist er knackig-frisch, säuerlich und saftig, so zählt er zur Eiweißgruppe. Handelt es sich um einen süßen, mürben Apfel von mehliger Beschaffenheit, so wird er zu den Kohlenhydraten gerechnet. In unseren Rezepten ist stets genau angegeben, welcher Apfel gemeint ist.

Die Fleischsorten

Die Trennkost empfiehlt, Schweinefleisch und Produkte daraus zu meiden. Dies wird u.a. mit der Massentierhaltung begründet. Man sollte dies aber nicht ohne kritische Beschäftigung mit dem Thema hinnehmen, denn Tatsache ist doch, daß heute alle Schlachttiere auf diese Art herangemästet werden, Puten und Hühner sogar noch unter schlechteren Bedingungen als Schweine.

Anders ist dies, wenn Sie die Erzeugnisse von Biobauern kaufen, die ihre Tiere noch artgerecht halten, wo ein Schwein noch richtig "Schwein" sein darf und wo Hühner noch frei herumlaufen und Würmer suchen dürfen. Es gibt Fleischereien, die ihre Schlachttiere ausschließlich von Biobauern beziehen und sogar in ihren Geschäften die Adresse des jeweiligen Bauernhofes aushängen. Es ist deshalb jedem selbst überlassen, ob er nun auf Schweinefleisch gänzlich verzichtet. Grundsätzlich ist Schweinefleisch als ernährungsphysiologisch wertvoll einzustufen, weil es heute generell magerer ist als vor 20 Jahren und weil es ein wichtiger Lieferant von Vitamin B 1 ist. Außerdem ist es ein sehr wohlschmeckendes, saftiges Fleisch mit vielseitiger Verwendung, wird schnell gar, und nicht zuletzt strapaziert es den Geldbeutel am wenigsten. Gute Stücke in kleinen Mengen dürften deshalb auch in der Trennkost vertretbar sein, wenngleich Dr. Hay hier anders dachte. Jeder sollte für sich selbst entscheiden, welches Fleisch er kauft. In jedem Fall sollte man lieber kleine Stücke, dafür aber feinere von guter Qualität nehmen. In unseren Rezepten, die an die strengen Forderungen von Dr.Hay angelehnt sind, kommt kein Schweinefleisch und auch kein Schweineschinken vor. Sie können aber Putenfleisch jederzeit gegen Schweinefleisch austauschen, statt dem teuren Bünderfleisch auch mageren rohen Schinken verwenden und anstelle von Rindersaftschinken

kann es natürlich auch ein magerer, gekochter Hinterschinken vom Schwein sein - wenn Sie das lieber mögen. Die Zwänge sollte man nicht übertreiben, denn wichtig ist, daß Ihnen die Trennkost schmeckt. Dafür muß man sich nicht gleich von allen Vorlieben und liebgewordenen Produkten verabschieden.

Und so wird getrennt:

Auf den folgenden Seiten finden Sie im einzelnen die Produkte, die nach der Hay'schen Trennkost in die Eiweißgruppe, die Kohlenhydratgruppe und die neutrale Gruppe eingeordnet werden und die Produkte, die möglichst gemieden werden sollten. Lebensmittel der Eiweißgruppe dürfen nicht mit denen der Kohlenhydratgruppe gemischt werden bzw. innerhalb einer Mahlzeit vorkommen. Beide Gruppen dürfen und sollten allerdings mit den Produkten der neutralen Gruppe gemischt werden.

Außerdem sollten Eiweiß- und Kohlenhydratgerichte zu bestimmten Tageszeiten verzehrt werden, weil der Körper nach den Vorstellungen von Dr. Hay nicht zu jeder Tageszeit Kohlenhydrate und Eiweiß gleichermaßen gut verwertet. Bis zum Mittag können deshalb Kohlenhydrat- und Eiweißgerichte gegessen werden, nachmittags und abends empfiehlt Hay nur Kohlenhydratgerichte, weil Eiweiß dann den Körper zu stark belasten würde. Jeder sollte aber für sich selbst austesten, wann ihm welche Gerichte am besten bekommen. Für Berufstätige beispielsweise könnte der Tagesplan anders aussehen, weil die Mittagsmahlzeiten oft klein ausfallen und die Familie lieber gemeinsam ein größeres Abendessen einnimmt, das durchaus auch Eiweißprodukte (Fleisch, Fisch, Eier etc.) enthält. Die Vorgaben in unserem Tagesplan (siehe Seite 22/23) sind deshalb nur als Anhaltspunkte und Empfehlungen aus der Hay'schen Sicht zu sehen und sollten ganz Ihrem eigenen Lebens- und Eßrhythmus angepaßt werden.

1. Beispiel: Ein Fleischgericht (Eiweißgruppe) mit reichlich Gemüse oder Salat (neutrale Gruppe).
Die Mahlzeit zählt dann insgesamt zu den Eiweißgerichten und wird als Mittagessen empfohlen. Es gibt keine weiteren Beilagen dazu, also kein Brot oder Reis, keine Nudeln, Kartoffeln oder Knödel.

2. Beispiel: Ein Kartoffel- oder Nudelgratin (Kohlenhydratgruppe) mit reichlich Gemüse oder einer Salatbeilage (neutrale Gruppe).
Die gesamte Mahlzeit zählt dann zu den Kohlenhydratgerichten und wird als Mittag- oder Abendessen empfohlen. Hierzu gibt es kein Fleisch, auch keinen Schinken, keine Wurst, keine ganzen Eier, keine Milch und keinen Käse unter 50% F. i. Tr.

3. Beispiel: Eine Gemüsemahlzeit oder eine Salatplatte mit Quarkdip (alles neutral).
Diese Mahlzeit ist neutral und wird als Mittagessen empfohlen. Sie können sie mit etwas Fleisch, Fisch, Schinken, Eiern oder Käse (bis 50% F. i. Tr.) ergänzen, dann haben Sie eine Eiweißmahlzeit. Reichen Sie Brot, Kartoffeln etc. dazu, wird es eine Kohlenhydratmahlzeit.

4. Beispiel: Das Menü
Für ein Menü mit mehreren Gängen sollten Sie die Speisenfolge den Trennungsregeln entsprechend auswählen. Wenn das Mittagessen eine Kohlenhydratmahlzeit sein soll, müssen die einzelnen Speisen entweder zur Kohlenhydratgruppe oder zur neutralen Gruppe gehören. Soll das Mittagessen beispielsweise Fleisch oder Fisch enthalten und damit zur Eiweißgruppe gehören, sollten auch die Vorspeise und das Dessert aus der Eiweißgruppe stammen oder zumindest neutral sein. Die Trennung gilt auch für die Getränke (Gruppenzugehörigkeit der Lebensmittel und Getränke siehe Trennungsplan auf den Seiten 18 bis 21). Auf Seite 151 finden Sie trennkostgerechte Menüs mit Rezepten aus diesem Buch.

Trennungsplan

A) Eiweißgruppe

1. Fleisch
Alle Fleischsorten im gegarten Zustand. Also Fleisch vom Rind, Kalb, Lamm, Hammel, Wild, von der Pute, vom Huhn, von Ente und Gans. Schweinefleisch wird nicht empfohlen (siehe hierzu Seite 17).

2. Wurst
Alle gegarten Wurstsorten wie z.B. die Brühwürste, gegrillte Bratwurst, Wiener Würstchen, Leberkäse, Knackwurst. Currywurst, auch Kochwurstsorten wie Leberwurst, Blut- und Rotwurst, Pressack, gekochter Schinken, Rindersaftschinken, Geflügelfleisch, Aspikwaren (empfehlenswert sind nur Wurstarten ohne Zusatz von Schweinefleisch, siehe hierzu Seite 17).

3. Fisch
Alle gegarten Fische und Meeresfrüchte (gebraten, gedünstet, gegrillt, pochiert und gekocht). Auch Tk-Shrimps (sie werden fangfrisch gegart und dann tiefgefroren), Krebsfleisch, Scampis, Muscheln.

4. Eier
Ganze Eier und das Eiweiß (Eigelb ist neutral, da es nur wenig Eiweiß, aber viel Fett enthält.)

5. Milch und Käse
Milch aller Fettstufen, gereifter Käse bis 50% F. i. Tr. wie z.B. Hartkäse, Schnittkäse, halbfester Schnittkäse, Weichkäse mit Weiß- und/oder Edelpilzschimmel

6. Sojaprodukte
Sojadrink, Sojamehl, Sojakäse (Tofu) und Sojawurst, Sojapasten (als Brotaufstrich), Sojasauce (Chinasauce). Sojasprossen gelten als neutral, Sojaöl zählt zu den Ölen und ist neutral.

7. Gemüse
Gekochte Tomaten

8. Früchte
Alle frischen Beerenfrüchte (außer Heidelbeeren, sie sind neutral), säuerliche Äpfel, Kern- und Steinobst (beispielsweise Birnen, Kirschen, Pflaumen, Pfirsiche, Nektarinen, Aprikosen), exotische Früchte wie Kiwis, Mangos, Papapyas, Ananas (Bananen, frische Datteln und frische Feigen gehören aber zu den Kohlenhydraten), alle Zitrusfrüchte

9. Getränke
Alle Fruchtsäfte, trockener Wein, Apfelwein (Cidre) Früchtetee, Sekt, Beerenschaumwein, Champagner

B) Neutrale Gruppe

1. Fette, Öle und Eigelb

Tierische Fette wie Butter und Butterschmalz, pflanzliche Fette wie Margarine mit hohem Anteil an mehrfach ungesättigten Fettsäuren bzw. Linolsäure (also Diät- und Reformhausmargarinen bevorzugen), Pflanzenöle (am besten kaltgepreßte Öle), Eigelb und Mayonnaise

2. Sauermilchprodukte und Sahne

Alle gesäuerten Milchprodukte wie Buttermilch und Sauermilch (Schwedenmilch), Dickmilch, Sahnedickmilch, Kefir, Joghurt, saure Sahne (mind. 10% Fett), Crème fraîche (saure Sahne mit mind. 30% Fett), Sahne (süße Sahne mit mind. 10% Fett), Schlagsahne (süße Sahne mit mind. 30% Fett), Crème double (süße Sahne mit mind. 40% Fett)

3. Käse

Alle Frischkäsesorten (keine Fertigprodukte wie Frischkäsezubereitungen mit Kräutern etc.) wie zum Beispiel Quark aller Fettstufen, körniger Frischkäse, Schichtkäse, Topfen, Rahm- und Doppelrahmfrischkäse, Ricotta, Mascarpone, Mozzarella,

Schafskäse (Feta), sowie Ziegenfrischkäse

4. Samen und Nüsse

Alle Nüsse, Kerne und Samen: Haselnuß, Walnuß, Paranuß, Mandel, Kokosnuß (Kokosraspel), Cashewkerne, Sonnenblumenkerne, Pinienkerne, Pistazien, Sesamsaat, Mohn

5. Wurst und Fleischwaren

Alle rohen und rohgeräucherten Wurstsorten und Fleischwaren wie Salami, Cervelatwurst, roher Schinken, Schinkenspeck, Bündner Fleisch. Die Trennkostregeln empfehlen, Produkte aus Schweinefleisch zu meiden (siehe hierzu auch Seite 17).

6. Fischwaren

Alle rohen und roh geräucherten Fischwaren wie z.B. Matjes, Bismarckhering, geräucherte Forelle, geräucherter Heilbutt, Schillerlocken, Räucherlachs, geräucherte Makrele (auch "Pfeffermakrelen")

7. Gemüse und Salate

Alle Gemüse- und Salatsorten im rohen und gegarten Zustand (außer Kartoffeln, Topinambur, Grünkohl, Schwarzwurzeln und gekochten Tomaten)

8. Pilze, Keimlinge und Sprossen

Alle Pilze, Keimlinge und Sprossen (roh und gegart, wie z.B. Sojasprossen, Mungbohnensprosssen, Alfalfa Linsensprossen, Kresse-, Radieschen- und Rettichsprossen)

10. Kräuter und Gewürze

Alle frischen und getrockneten Kräuter, alle Gewürze und Würzzutaten (Pfeffer, Senf und Meerrettich bei Nierenstörungen nur sparsam verwenden oder ganz meiden!)

11. Früchte

Heidelbeeren, Oliven, ungeschwefelte Rosinen

12. Gelier- und Bindemittel, Hefe

Gelatine, Agar-Agar, pflanzliche Bindemittel wie Johannisbrotkernmehl (Biobin), Hefe (Frischhefe und Trockenbackhefe). Stärke gehört zur Kohlenhydrategruppe!

13. Getränke

Hochprozentige Spirituosen wie z.B. Korn, Doppelkorn, Obstler und andere Schnäpse (Gin, Rum, Weinbrand, Cognac etc.)

C) Kohlenhydratgruppe

1. Getreide und Getreide-erzeugnisse

Alle Getreidesorten wie z.B. Weizen, Roggen, Gerste, Hafer, Dinkel (Grünkern), Hirse, Naturreis, außerdem Buchweizen. Alle Vollkorngetreideerzeugnisse, zum Beispiel Vollkornmehle, Brot, Brötchen, Kuchen und Gebäck aus Vollkornmehlen, Vollkornnudeln, Vollkorngrieß. Alle Stärkemehle (Weizen-, Mais-, Kartoffel- und Reisstärke).

2. Gemüse

Kartoffeln, Topinambur, Grünkohl und Schwarzwurzeln

3. Früchte

Bananen sowie süße, mürbe (mehlige) Äpfel, frische Datteln, frische Feigen, alle Trockenfrüchte (außer Rosinen, sie sind "neutral")

4. Süßungsmittel

Rohzucker (nicht raffinierter Zucker aus dem Reformhaus), Zuckerrübensirup (Rübenkraut), Apfelkraut ohne Zuckerzusatz, Apfel- und Birnendicksaft, Frutilose (natürliche Fruchtsüße ohne Zuckerzusatz, aus dem Reformhaus), Honig, Ahornsirup. Obwohl die Süßungsmittel zu den Kohlenhydraten gerechnet werden, dürfen sie in kleinen Mengen auch Produkten und Gerichten der Eiweiß-gruppe beigegeben werden, beispielsweise zum Süßen von Desserts.

5. Sonstiges

Backpulver (Weinsteinbackpulver aus dem Reformhaus bevorzugen!), Puddingpulver (ungefärbtes Puddingpulver aus dem Reformhaus bevorzugen!), Carobe (Kakaoersatz), Bier

D) Nicht empfehlenswert

Im folgenden ist aufgelistet, was Dr. Hay zu meiden empfiehlt. Auf was Sie im Endeffekt wirklich verzichten, liegt aber in Ihrem Ermessen.

1. Weißmehl und Produkte daraus

Brot, Brötchen und Feingebäck wie Kuchen, Torten, Schnitten, normale Nudeln, polierter Reis

2. Raffinierter Zucker, künstliche Süßstoffe und Produkte daraus

Süßigkeiten aller Art, Marmeladen, Fertigprodukte und Konserven

3. Gehärtete Fette

Plattenfette, feste Brat- und Fritierfette, Margarinesorten mit gehärteten Fettsäuren

4. Hülsenfrüchte

Getrocknete Erbsen, Bohnen, Linsen, auch Erdnüsse

5. Rohes Fleisch und rohes Eiweiß von Eier

Rohes Tatar, Desserts mit steifgeschlagenem Eiweiß, die nicht erhitzt werden

6. Sonstiges

Preiselbeeren, Kaffee, Kakao, schwarzer Tee, hochprozentige Spirituosen in größeren Mengen, fertige Mayonnaise, Essig, Essig-Essenz, Schweinefleisch und Produkte daraus

Nierenkranken empfiehlt Dr. Hay, in größeren Mengen keinen Spinat, keinen Rhabarber und keine Kastanien zu essen. Manche Gewürze wie Pfeffer, Meerrettich und Senf können ebenfalls ungünstig sein (für den Gesunden tragen Sie allerdings hervorragend zum Würzen von Speisen bei und helfen, Salz zu sparen!). Geräuchertes und Gepökeltes sollte nur gelegentlich in kleinen Mengen und möglichst nicht gebraten oder gegrillt auf den Tisch kommen, weil darin enthaltene Stoffe die Entstehung von Krebs begünstigen können.

Tages- und Mengenplan

Im folgenden möchten wir Ihnen den von Dr. Hay empfohlenen Mahlzeitenrhythmus mit den jeweiligen Nahrungsmittelmengen vorstellen. Die Vorgaben sind als Richtlinien zu sehen, die Sie zunächst ausprobieren sollten.

Ungewohnt dürften die großen Mengen an Gemüse und Salat sein, welche die Eiweiß- und Kohlenhydratmahlzeiten begleiten. Stören Sie sich nicht daran, essen Sie einfach soviel davon, wie Ihnen schmeckt und bekommt. In unseren Rezepten haben wir übrigens berücksichtigt, daß gerade Trennkost-Einsteiger mit den großen Portionen an Gemüse, Rohkost und Salat Probleme haben könnten, und sind deshalb von etwas kleineren Portionen ausgegangen.

I. Frühstück
(ca. 8.00 Uhr)
Trinken Sie vor dem Frühstück ein Glas stilles Mineralwasser, möglichst natriumarm. Dann können Sie zwischen einer Kohlenhydrat-, einer Eiweiß- oder einer Obstmahlzeit wählen.

Kohlenhydratmahlzeit:
1 Scheibe Vollkornbrot, 1 Vollkornbrötchen oder 3 Scheiben Vollkornknäckebrot mit Butter oder Margarine bestrichen. Als Belag eignet sich entweder 1 Scheibe Rohwurst oder Schinken (neutral), 1 Scheibe Käse (aus der neutralen Gruppe!), 50 g Frischkäse oder 2 Tl Honig. Oder Sie essen ein Müsli mit gesäuerten Milchprodukten.

Eiweißmahlzeit:
2 Eier z. B. gekocht oder als Spiegeleier, Rühreier oder Omelette. Bitte den Eierkonsum auf 4 Eier pro Woche beschränken!

Kombinieren Sie die Eierspeisen mit Tomaten oder anderem Gemüse, mit Kräutern, Sprossen und Pilzen.

Obstfrühstück:
Hierfür eignet sich jedes frische Obst der Saison, außer Bananen. Sie dürfen morgens Obst in beliebiger Menge essen.

Getränke:
Kräutertee. Eingeschworene Kaffee- oder Schwarzteetrinker können ihr Lieblingsgetränk natürlich weiterhin trinken. Verfeinern Sie es mit Sahne und/oder Honig.

II. Zwischendurch vormittags
(9.00 Uhr bis 10.30 Uhr)
1 Stunde nach dem Frühstück 1 Glas Kräutertee oder stilles, natriumarmes Mineralwasser. 1 weitere Stunde später dasselbe nochmal.

Eine halbe Stunde später 200 g frisches Obst der Eiweißgruppe, 250 ml Milch oder 250 g Sauermilchprodukte. Obst (100 g) kann auch mit Milch oder Sauermilchprodukten (125 g) kombiniert werden, z.B. in einem Fruchtdrink oder einem selbstgemachten Früchtejoghurt.

Eine halbe Stunde vor dem Mittagessen wieder 1 Glas Kräutertee oder stilles, natriumarmes Mineralwasser

III. Mittagessen
(12.30 Uhr)
Sie haben die Wahl zwischen einer Kohlenhydrat- und einer Eiweißmahlzeit.

Kohlenhydratmahlzeit:
50 g Vollkorngetreide, Naturreis oder Vollkornnudeln (alle roh gewogen) oder 200 g Kartoffeln. Als Beilage 400 g Gemüse, Rohkost oder Salat.

Eiweißmahlzeit:
100 - 150 g Fleisch oder 150 - 200 g Fisch oder 2 Eier oder 60 g Käse unter 50% Fett i. Tr. oder 80 g Wurst aus der Eiweißgruppe. Dazu eine große Portion Gemüse, Rohkost oder Salat (400 g).

Sie können die Mahlzeiten noch mit 30 - 50 g neutralen Lebensmitteln ergänzen. Außerdem ist Butter, Margarine, Öl und Sahne erlaubt. Dr. Hay rät, zu den Hauptmahlzeiten nichts zu trinken. Dies liegt aber ganz in

Ihrem Ermessen. Achten Sie bei der Auswahl Ihrer Getränke auf die Gruppenzugehörigkeit.

IV. Zwischendurch nachmittags
(14.00 Uhr bis 16.30 Uhr)
Innerhalb der nächsten drei Stunden in stündlichem Abstand jeweils 1 Glas Kräutertee oder stilles, natriumarmes Mineralwasser, insgesamt 3 Drinks. Eine halbe Stunde später einen Snack der Kohlenhydratgruppe, z. B. 1 Banane, 1 Scheibe Knäckebrot mit Quark und Honig, oder 150 g Sauermilchprodukte mit 1 El Haferflocken und 1 Tl gehackten Nüssen. Eine halbe Stunde vor dem Abendessen 1 Glas Kräutertee oder stilles, natriumarmes Mineralwasser.

V. Abendessen
(ca. 18.30 Uhr)

Kohlenhydratmahlzeit:
50 g Vollkorngetreide, Naturreis oder Vollkornnudeln (alle roh gewogen) oder 200 g Kartoffeln. Als Beilage 400 g Gemüse, Rohkost oder Salat. Sie können die Mahlzeit noch mit 30 - 50 g neutralen Lebensmitteln ergänzen. Außerdem sind Butter, Margarine, Öl und Sahne in kleinen Mengen erlaubt.

Auf der gegenüberliegenden Seite sehen Sie einige Tagespläne mit Kombinationsbeispielen der Rezepte aus diesem Buch. Sie finden hinter dem jeweiligen Rezepttitel sowohl die Gruppenzugehörigkeit des Rezeptes, den Seitenverweis und die Kalorienangabe pro Portion. So können Sie auch am Ende des Tages auf einen Blick sehen, wieviele Kalorien Ihr Tagesplan jeweils enthält. Unsere Beispiele zeigen, daß Sie durch gezieltes Kombinieren der Mahlzeiten Ihren normalen Kalorienbedarf gut decken können (Beispiel 1), aber auch Diättage realisierbar sind (siehe Beispiel 2 und 3). Es lassen sich durch geschicktes Auswählen kalorienarmer Gerichte aus allen Trennungsgruppen auch noch niedrigere Tageskalorien erreichen - das sollten Sie für eine "Trennkost-Diät" nutzen.

Exemplarische Tagespläne

1

	Frühstück	Zwischenmahlzeit	Mittagessen	Zwischenmahlzeit	Abendessen	kcal
	Käsetoast Seite 37 472 kcal		Forellen Seite 130 577 kcal		Kartoffel-Gemüse-Pfanne Seite 112 361 kcal	1410
		Joghurt-Cocktail Seite 56 209 kcal		Müsli-Joghurt Seite 54 262 kcal		471
					Tageskalorien	**1881**

2

	Frühstück	Zwischenmahlzeit	Mittagessen	Zwischenmahlzeit	Abendessen	kcal
	Haferflocken-Müsli Seite 38 284 kcal		Rindermedaillons Seite 122 344 kcal		Reis auf Austernpilzen Seite 114 480 kcal	1108
		Kräuter-Kefir-Drink Seite 57 99 kcal		Tomatenbrot Seite 51 185 kcal		284
					Tageskalorien	**1392**

3

	Frühstück	Zwischenmahlzeit	Mittagessen	Zwischenmahlzeit	Abendessen	kcal
	Nußknacker-Müsli Seite 42 349 kcal		Gemüseeintopf Seite 102 144 kcal		Reispfanne Seite 115 393 kcal	886
		Erdbeerquark Seite 60 242 kcal		Käsebrötchen Seite 50 360 kcal		602
					Tageskalorien	**1488**

4

	Frühstück	Zwischenmahlzeit	Mittagessen	Zwischenmahlzeit	Abendessen	kcal
	Fruchtsalat Seite 45 272 kcal		Gemüseplatte Seite 116 352 kcal		Bandnudeln Seite 103 783 kcal	1407
		Tomaten-Cocktail Seite 56 116 kcal		Radieschen-Hörnchen Seite 51 146 kcal		262
					Tageskalorien	**1669**

5

	Frühstück	Zwischenmahlzeit	Mittagessen	Zwischenmahlzeit	Abendessen	kcal
	Rührerei Seite 47 308 kcal		Makkaroni Seite 105 611 kcal		Kartoffelgratin Seite 110 624 kcal	1543
		Gefüllte Tomaten Seite 59 143 kcal		Schwedenknäcke „Royal" Seite 52 216 kcal		359
					Tageskalorien	**1902**

	Frühstück	Zwischenmahlzeit	Mittagessen	Zwischenmahlzeit	Abendessen	kcal
	Bitte die zeitliche Trennung beachten. Ab 16.00 Uhr werden nur noch KH-Gerichte empfohlen.					

■ Kohlenhydratgericht   ■ Eiweißgericht   ■ neutrales Gericht

Gesunde Ernährung leicht gemacht

Noch nie zuvor waren die Menschen in unserem Land so gut mit Nahrungsmitteln versorgt wie heute! Noch nie konnten sie so aus dem Vollen schöpfen, hatten eine so große Auswahl an Lebens- und Genußmitteln wie heute - und noch nie zuvor konnten Sie sich alles leisten, was den Gaumen erfreut. Doch nie zuvor gab es auch so viele Krankheitsfälle, die auf das Konto unserer ungezügelten Schlemmerlust gehen! Und trotz aller Ernährungsaufklärung, trotz teurer Kampagnen werden heute mehr Fehler beim Essen und Trinken gemacht als jemals zuvor! Fast 110 Milliarden Mark kosten uns die ernährungsbedingten Krankheiten jährlich - und die Tendenz ist seit Jahren steigend! Übergewicht, Diabetes mellitus, hoher Blutdruck, Herz-Kreislauf-Krankheiten, Blutfettstörungen, Darmträgheit, und Gicht kommen nicht von ungefähr - und auch nicht von heute auf morgen: Eine jahrzehntelange Fehlernährung, die bis in die Kindheit zurückreicht, fordert ihren Preis oft schon im besten Alter. Und dann ist plötzlich der Arzt gefragt, denn die Wehwehchen werden chronisch und schließlich behandlungsbedürftig. Sehen Sie sich einmal um in den Wartezimmern der Ärzte: Es sind überwiegend ältere Menschen, die regelmäßig anzutreffen sind. Übergewichtige, Hochdruckkranke, Gichtpatienten, Menschen mit Herz-Kreislauf-Störungen und mit Verdauungsproblemen. Sich richtig zu ernähren ist im Grunde ganz leicht, denn es liegt in der Natur jedes Lebewesens, das Richtige in der richtigen Menge zu essen. Gesteuert wird die Nahrungsaufnahme durch Hunger- und Sättigungssignale im Körper. Was bei den freilebenden Tieren noch funktioniert, ist dem Menschen aber verlorengegangen. Er ignoriert Hunger- und Sättigungsgefühle und läßt sich heute eher von seinem Appetit und seiner Lust am Essen lenken.

"Richtige Ernährung" - was ist das?

Unsere Nahrung ist dann richtig, wenn sie alle lebenswichtigen Nähr- und Wirkstoffe in ausreichenden Mengen enthält und wenn sie so viel Energie liefert, wie wir in der jeweiligen Lebensphase brauchen. Unser Bedarf an diesen Substanzen und an Energie ist nicht immer gleich: Ein Säugling muß anders ernährt werden als ein Schulkind, ein Schwerarbeiter anders als ein "Kopfarbeiter", ein gesunder Mensch anders als ein frischoperierter.

Ausgehend vom Energiebedarf, dem der Grundumsatz und der Leistungsumsatz zugrunde liegt, kann man den Tagesbedarf an Kalorien ermitteln, der beispielsweise bei Frauen mit leichter körperlicher Tätigkeit bei etwa 2.200 kcal liegt. Ideal ist, wenn die Nahrung 15% Eiweiß enthält, maximal 30% Fett und mindestens 55 % Kohlenhydrate. Das bedeutet, 15 % der Gesamtkalorien pro Tag sollten aus Eiweiß stammen, höchstens 30% aus Fett und der Rest der Kalorien aus Kohlenhydraten. Wichtig sind neben diesen Nährstoffträgern auch die Ballaststoffe, die keine Kalorien enthalten, aber für die Sättigung und die Darmtätigkeit unentbehrlich sind. Wir sollten täglich mindestens 30 Gramm dieser unverdaulichen Faserstoffe zu uns nehmen. Da sie ausschließlich in Pflanzen vorkommen, muß die Nahrung reichlich Pflanzenkost enthalten. Zur "richtigen Ernährung" gehört außerdem auch Flüssigkeit. Etwa 2 Liter sollte man täglich trinken, am besten in Form von Wasser oder Mineralwasser.

Vollwertkost ist "richtige Kost"

Wer sich vollwertig ernährt, ernährt sich automatisch schon richtig. Denn bei dieser Kostform, bei der übrigens die Frische der Nahrungsmittel im Vordergrund steht, liegt der Schwerpunkt auf den pflanzlichen Produkten: Frisches Gemüse, Salate, möglichst viel als Rohkost zubereitet, dazu Keimlinge und Sprossen, die man ganz leicht selber ziehen kann, Obst,

Nüsse, Samen und natürlich Vollkorngetreideprodukte und Kartoffeln gehören regelmäßig auf den Tisch. Damit ist nicht nur die Versorgung mit pflanzlichem Eiweiß und Fett sichergestellt, sondern auch die empfohlenen Mengen an Kohlenhydraten und Ballaststoffen werden leicht erreicht. Vitamine, Mineralstoffe werden ebenfalls reichlich zugeführt. Vollwertkost ist natürlich keine "vegetarische" Kost: Hin und wieder gibt es mageres Fleisch, regelmäßig steht Seefisch auf dem Speisezettel, Milch und Milchprodukte, unsere besten Calciumlieferanten, sollten täglich verzehrt werden. Eier sind in kleinen Mengen gestattet.

Vollwertig zu essen, bedeutet Vollkornkornprodukte zu bevorzugen, statt dem üblichen Weißmehl sollten Sie in der Küche nur Vollkornmehl verwenden, auch Nudeln sollten aus Vollkornmehl hergestellt sein. Reisgerichte werden mit Naturreis zubereitet. Zucker ersetzt man möglichst durch natürliche Süßungsmittel wie Honig, Ahornsirup, Obstdicksäfte, Zuckerrübensirup oder auch unraffinierten Rohzucker. Mit Salz sollten Sie sehr sparsam umgehen. Empfehlenswert ist zum Salzen Meersalz, möglichst mit Jodzusatz. Kräuter und Gewürze dagegen sind unabdingbare Bestandteile der Vollwertküche. Sie verleihen den Speisen Geschmack und Raffinesse, regen den Speichelfluß an und machen viele Gerichte bekömmlicher. Außerdem geben sie den Speisen auch optisch einen gewissen Pfiff. Bevorzugen Sie hochwertige Pflanzenöle, die möglichst kaltgepreßt sein sollten. Sie sind besonders für die kalte Küche geeignet. Zum Braten sind sie zu schade, hierfür können Sie Butter oder Butterschmalz verwenden. Braten Sie in beschichteten Pfannen, das spart eine Menge Fett.

Fertigprodukte, Konserven, Gerichte aus Päckchen und Tüten sind in der Vollwertküche tabu. Das meiste, was Sie in dieser Form fertig kaufen können, läßt sich auch gut selberma-

chen, denken Sie nur an fertigen Fruchtjoghurt, Erbsensuppe aus der Dose etc. Außerdem verleihen diese "schnellen Küchenhelfer" vielen Gerichten einen Einheitsgeschmack, sie überdecken das Eigenaroma der Speisen und die Gewürze. Die einzigen fertige Würzmittel, die in der Vollwertkost verwendet werden und sich auch für unsere Rezepte eignen, sind Hefeextrakt und Instant-Gemüsebrühe (vegetarische Brühe in Pulverform). Sie sind im Reformhaus erhältlich.

Was hat Vollwertkost mit Trennkost zu tun?

Trennkost ist Vollwertkost. Alles, was in der Vollwertkost empfohlen wird, ist auch "trennkostgeeignet". Deshalb brauchen Sie bei der Trennkost auch keine Nährstoffmangelerscheinungen zu befürchten. Wenn man die Inhaltsstoffe aller Mahlzeiten eines Tages unter dem Strich zusammenzählt, wird man feststellen, daß der Körper alle Nähr- und Aufbaustoffe bekommen hat, die er täglich braucht - und daß dabei auch der Genuß

nicht zu kurz gekommen ist. Wenn Sie schon Erfahrung mit der Vollwertkost haben, wird es Sie sicherlich reizen, das Trennkostprinzip auszuprobieren. Wenn Sie keine haben, dann können Sie über die Trennkost zur Vollwertkost gelangen und sie als Dauerkost weiterverfolgen.

Trennkost - mein Weg zum Wunschgewicht!

Die meisten Trennkostanhänger kommen durch ihr eigenes Übergewicht und dessen Folgeschäden zur Trennkost. Viele haben einen jahrelangen Kampf gegen ihre Pfunde hinter sich, wobei sich Gewichtszunahme und -abnahme abwechselten und am Ende nur Diätfrust übrigblieb. Und viele sagen heute: "Als nichts mehr half, hab' ich es mit Trennkost versucht!" Für so manchen eröffneten sich durch diese Art zu essen neue Perspektiven, weil sich ein Abspeckerfolg zeigte, man trotzdem satt wurde, ausgeglichen und leistungsfähig blieb.

Die Trennkost ist gegen radikales Hungern und will auch keine Selbstkasteiung, die mit Verzicht und daraus resultierender Schwermütigkeit sowie mit Frust verbunden ist. Ein leistungsfähiger Körper muß regelmäßig Nahrung bekommen - es kommt nur darauf an, welche und in welcher Form bzw. Kombination! Wer mit Trennkost abnehmen möchte und sein Wunschgewicht auf Dauer halten will, sollte die Tips auf der folgenden Seite beherzigen.

Bin ich überhaupt übergewichtig?

Bevor Sie sich zu einer Diät entschließen: Prüfen Sie doch erst einmal, ob Sie es aus gesundheitlichen Gründen nötig haben, abzunehmen. Die neueste und genaueste Formel zu Bestimmung des richtigen Gewichtes ist der sogenannte Body-Mass-Index. Er wird ermittelt, indem man sein Gewicht in Kilogramm durch die Körpergröße im Quadrat teilt. Erst ab einem BMI von 26 beginnt leichtes Übergewicht. Die nebenstehende Tabelle gibt Ihnen über Ihren BMI Auskunft.

Extremes Übergewicht
Starkes Übergewicht
Leichtes Übergewicht
Normalgewicht
Untergewicht

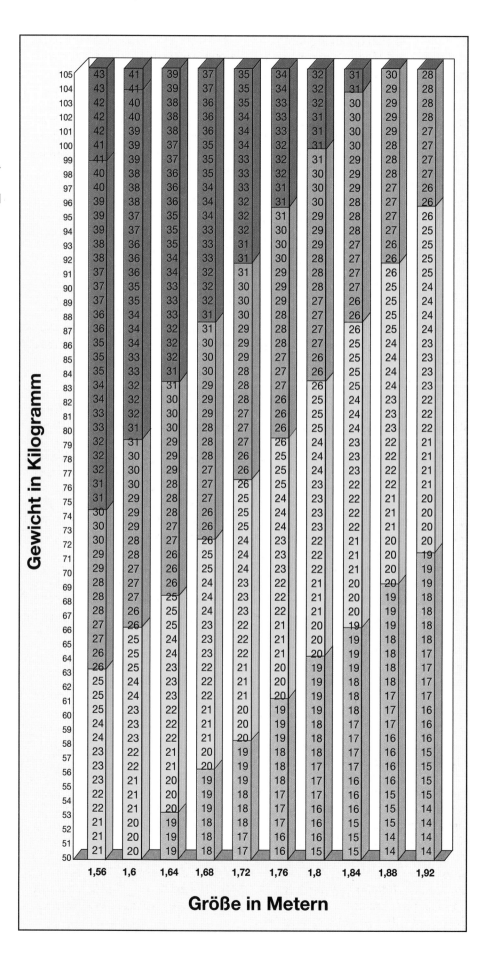

1. Halten Sie sich unbedingt an die im Tages- und Mengenplan angegebenen Flüssigkeitsmengen. Es ist besonders während einer Diät sehr wichtig, viel zu trinken. Täglich sollten es mindestens 2 Liter kalorienarme oder kalorienfreie Flüssigkeit sein (Kräutertee, stilles, natriumarmes Mineralwasser). Wenn Sie zwischendurch reichlich trinken, so wie Dr. Hay es empfiehlt, können Sie auf Getränke zu den Mahlzeiten verzichten.

2. Lassen Sie keine der empfohlenen Zwischenmahlzeiten aus Sorge um Ihr Gewicht weg. Auch wenn der Magen nicht knurrt, sollten Sie eine Kleinigkeit (entsprechend den Empfehlungen) essen. Dies beugt dem Heißhunger und dem unkontrollierten Essen bei den Hauptmahlzeiten vor und hält Sie während der Arbeit konzentriert, fit und leistungsfähig.

3. Versuchen Sie langsam, die Gemüse- und Salatbeilagen auf die empfohlene Menge von 400 Gramm zu steigern und reduzieren Sie gleichzeitig den Fleischkonsum.

4. Essen Sie öfter Fisch - und zwar dürfen die Portionen hier durchaus größer sein als die Fleischportionen. Seefisch ist unser wichtigster Jodlieferant und sollte deshalb ein- bis zweimal pro Woche auf den Tisch. Pro Portion rechnet man 150 bis 200 g küchenferigen Seefisch, um die Jodversorgung zu optimieren! Achten Sie der Figur zuliebe darauf, magere Fischsorten zu kaufen.

5. Käse spielt in der Trennkost gleich zwei Rollen: Als mageres Produkt zählt er zur Eiweißgruppe, als fetter Käse zur neutralen. Wer mit der Trennkost abnehmen möchte, muß den Fettgehalt von Käse und die Verzehrsmengen im Auge behalten! Denn fetter Käse, der sowohl zur Kohlenhydrat- wie auch zur Eiweißmahlzeit paßt, hat oft so viele Kalorien wie ein ganzes Frühstück! Verwenden Sie fetten Käse nur in kleinen Mengen. Gleiches gilt auch für Sahne. Sie können Sahne (neutral) wie Milch (Eiweißgruppe) verwenden, wenn Sie sie mit etwas Wasser verdünnen. Sie behält ihren neutralen Charakter. In kalten Gerichten können Sie Sahne oft auch durch Joghurt oder Dickmilch ersetzen, die deutlich weniger Kalorien haben. Beachten Sie hierzu unsere Tips im Rezeptkapitel!

6. Lassen Sie sich die Butter nicht vom Brot nehmen - aber verwenden Sie sie sparsam! Für Kaloriensparer gibt es auch Halbfettprodukte (Halbfettbutter, Halbfettmargarine). Sie enthalten nur halb soviel Fett wie ihre kalorienträchtigen "Originale", eignen sich aber nicht zum Backen und Braten. Als Brotaufstrich und zum Verfeinern von gegartem Gemüse sind sie durchaus sinnvoll.

7. Vollwertiges sättigt besser! Essen Sie deshalb ausschließlich Vollwertprodukte. Das gilt vor allem für Brot, Brötchen und Backwaren. Vollwertgetreide und -produkte enthalten die Inhaltstoffe des vollen Korns (daher auch die Bezeichnung Vollkornbrot, Vollkornhaferflocken, Vollkornmüsli etc.). Sie sind nicht nur reich an wertvollem Eiweiß, Fett (das aus dem Keimling stammt!) und Kohlenhydraten, sondern liefern darüberhinaus wichtige Mineralstoffe und Vitamine, die in den Randschichten des Korns stecken und bei hochausgemahlenen Mehlen (Weißmehl, Haushaltsmehl Type 405) weitgehendst entfernt worden sind.

Vollwertprodukte regen auch zum besseren Kauen an. Dies ist gut für die Zähne, weil es die Kaumuskeln anstrengt, das Zahnfleisch strafft und den Zahnhalteapparat kräftigt. Gutes, kräftigen Kauen beugt Zahnkrankheiten, insbesondere Zahnfleischschwund (Paradontose) vor. Es regt den Speichelfluß an und ist günstig für die Verdauung, weil die Nahrung bereits gut zerkleinert und eingespeichelt in den Verdauungstrakt gelangt. Vieles wird durch gründliches Kauen und Einspeicheln bekömmlicher.

8. Langsam essen! Wichtig ist auch, langsam zu essen. Wer in Eile und Hektik sein Essen hinunterschlingt, verspürt keinen besonderen Genuß und keine Sättigung. Deshalb ißt man oft viel mehr, als es der Hunger eigentlich verlangt. Das Sättigungsgefühl stellt sich erst etwa 15 Minuten nach Beginn des Essens ein - dann haben viele Menschen hastig schon den Teller geleert und sich die zweite Portion aufgeladen. Wer langsam ißt, wird spüren, daß er keinen Nachschlag mehr braucht, weil er nämlich schon eine Sättigung erreicht hat. Unterstützt wird die Sättigung in der Trennkost durch die großen Gemüse- und Salatportionen, die man glücklicherweise nicht so einfach und so schnell hinunterschlingen kann wie ein Stück Fleisch.

9. Hände weg von Schleckereien! Naschwerk und Süßigkeiten sind neben Fett die Hauptschuldigen für Übergewicht. Denn Zucker befriedigt zwar die Lust auf Süßes, sättigt aber nur kurz und enthält nur "leere Kalorien". Zucker bewirkt zunächst einen schnellen Anstieg des Blutzuckerspiegels, dieser fällt aber dann relativ schnell wieder unter das normale Niveau ab - und das signalisiert dem Gehirn: "Hunger"! Der Griff zum nächsten Stück Schokolade oder zum Bonbon ist also vorprogrammiert!

Bei der Trennkost, deren Basis die Vollwertkost ist, müssen Sie auf die liebgewordenen Naschereien zwischendurch konsequent verzichten. Essen Sie stattdessen viel frisches Obst, einen selbstgerührten mageren Früchtejoghurt oder ein herzhaftes Knäckebrot mit Frischkäse und Kräutern. Wer Süßigkeiten tapfer aus dem Weg geht, wird sie bald nicht mehr vermissen, denn es ist alles nur eine Frage der Gewohnheit!

Trennkost im Alltag

Vielleicht glauben Sie jetzt, angesichts der viele Gebote und Vorgaben auf den letzten Seiten, daß die Trennkost für Sie doch recht kompliziert ist und Sie sie in Ihrem beruflichen Alltag nicht realisieren können. Dieser Eindruck täuscht, denn wenn Sie sich erst einmal in den Trennungsplan vertieft haben, beherrschen Sie die Zuordnung der Nahrungsmittel schnell auswendig. Auch die Mengenempfehlungen für die Fleisch-, Fisch- und Gemüseportionen sind leicht zu merken. Und das ist im Grunde alles, denn wie gekocht wird, erfahren Sie ja in unseren Rezepten. Mit dem, was Sie nun über die Trennkost wissen und mit den Erfahrungen, die Sie mit unseren Rezepten machen, sind Sie gut gerüstet, selbst mit der Trennkost zurecht zu kommen. Das heißt, Sie kochen zum einen ganz nach Ihren Kreationen, zum anderen wenden Sie das Trennkostprinzip auch an, wenn Sie außer Haus essen. Schließlich brauchen Sie wegen der Trennkost nicht Ihr ganzes Leben zu verändern!

Wenn Sie im Restaurant essen

Restaurants und Speiselokale führen ihre Speisekarten in der Art, daß die Gerichte nach ihrer Folge im Menü unter verschiedenen Rubriken aufgelistet werden. Sie wählen unter kalten Vorspeisen, warmen Vorspeisen, Suppen, Fleischgerichten, Fischgerichten, Geflügel, Beilagen, Salaten, Gemüsen, Desserts und Getränken. Sie können also ein Menü ganz nach dem Trennkostprinzip auswählen und sich Ihre Speisen zusammenstellen. Achten Sie darauf, auch Vorspeise und Desert passend zum Hauptgericht zu wählen. Zu Fleisch- und Fischgerichten können Sie anstelle der Kohlenhydratbeilage eine doppelte Portion Gemüse oder Salat bestellen. Als Kohlenhydratmahlzeit können Sie beispielsweise Nudeln mit Gemüsesauce, Risotto mit Gemüse oder eine Pizza mit Gemüse, Salami und Mozzarella genießen. In Restaurants empfiehlt es sich, bei unbekannten Gerichten den Kellner zu fragen, denn es könnten sich hinter exotischen oder fantasievollen Namen Gerichte verbergen, die nicht in Ihren Plan passen. Auch Garnituren können zuweilen die exakte Einhaltung der Trennkostregeln stören, diese dürfen Sie aber getrost als "Anstandsrest" auf dem Teller zurücklassen.

In Mensa und Kantine

In Mensen und Kantinen herrscht meist das "Baukasten-Prinzip" vor. Es gibt einen Wochenplan mit mehreren kompletten Gerichten täglich, die Sie aber auch individuell zusammenstellen können. So können Sie Vorspeise, Beilage, Hauptgericht und Dessert trennkostgerecht kombinieren. Im Grunde sind also die Speisenangebote auch hier so flexibel, daß jeder das richtige findet. Vielfach gibt es auch vegetarische Gerichte. Meist findet man in Kantinen sogar Diätmahlzeiten.

Die mitgebrachte "Brotzeit"

Haben Sie nicht das Glück, in einer guten Kantine zu essen, dann stellen Sie sich Ihre Brotzeit zuhause zusammen. Auch hier können Sie für viel Abwechslung sorgen: Bis zum Nachmittag dürfen Sie Kohlenhydrat-, Eiweiß- und neutrale Mahlzeiten essen, die Zeit danach sollte den Kohlenhydratgerichten vorbehalten sein.

Das Hotelfrühstück

Wenn Sie oft in Hotels übernachten und von daher auch auf das Hotelfrühstück angewiesen sind, sollten Sie das Trennkostprinzip schon bei der Hotelbuchung beachten. Fragen Sie am besten, wie das Frühstück aussieht. Ideal ist ein großes Frühstücksbüffet mit Selbstbedienung. Denn da kann auch ein überzeugter Trennköstler nach Herzenslust zugreifen: Entscheiden Sie sich entweder für eine Obstmahlzeit, oder für ein Eiweißgericht oder essen Sie ein Kohlenhydratgericht (aus Müsli oder Vollkornbrot). Glücklicherweise bieten die meisten Hotels eine Frühstücksbüffet an, weil es heute internationaler Standard ist und den unterschiedlichen Eßgewohnheiten der Geschäftsleute aus aller Herren Länder entgegenkommt.

Auf Reisen und im Urlaub

Wenn Sie stets "à la carte" essen, das heißt, sich aus der Speisekarte aussuchen können, was Sie möchten und was dem Trennungsprinzip entspricht, dürfte es keine Probleme geben. Anders ist dies aber bei Pauschalreisen, wo Halb- oder Vollpension im Reisepreis mitenthalten sind. In diesen Fällen müßten Sie dann das essen, was Sie bekommen - und das wissen Sie vorher nicht. Erkundigen Sie sich deshalb vor Buchung der Reise, wie die Verpflegung aussieht und ob Sie den Aufenthalt nur mit Frühstück, aber ohne die Mittags- und Abendverpflegung (zu einem günstigeren Preis) buchen können. Das Frühstück - meistens ein Büffet - ist auch für Trennköstler akzeptabel, bei den anderen Mahlzeiten dürfte es eher Probleme geben. Entscheiden Sie selbst, ob Sie die Trennkost im Urlaub nicht etwas lockerer handhaben wollen.

Im Krankenhaus

Natürlich sollte man auch daran denken, daß es einem einmal nicht so gut geht und man im Krankenhaus verpflegt werden muß. Wenn Sie Privatpatient sind, können Sie sicherlich "Wunschkost" bestellen. Anders ist dies bei Kassenpatienten. Sie können sich aus dem Mahlzeitenangebot nur das herauspicken, was dem Trennkostprinzip entspricht. Allerdings dürfen Sie ruhig sagen, daß Sie morgens statt Weißbrot und Hefezopf 2 Scheiben Vollkornbrot mit Butter oder Quark und Honig möchten, daß Sie statt Wurst lieber Käse essen, daß Sie zwischendurch keinen Fruchtjoghurt wünschen, sondern lieber einen Naturjoghurt und daß Sie statt der Kohlenhydratbeilage (Nudeln, Reis, Kartoffel) zu Fleisch lieber eine doppelte Portion Salat möchten. Mit etwas Unterstützung Ihrer Angehörigen, die Ihnen sicherlich gerne frisches Obst mitbringen, dürften ein paar Tage im Krankenhaus gut zu überstehen sein.

Bewegung und Sport sorgen für Ausgeglichenheit

Gesunde Ernährung, so vollwertig sie auch sein mag, reicht nicht aus, um körperlich fit und leistungsfähig zu bleiben. Kleine und große Probleme stellen täglich hohe Anforderungen an unser Nervenkostüm. Das gilt nicht nur für das Berufsleben oder die Zeit der Ausbildung. Auch der Alltag einer Hausfrau und Mutter, der immer wieder als so einfach dargestellt wird, ist anstrengend und rüttelt

am seelischen Gleichgewicht. Menschen, die tagtäglich gefordert sind, immer hundertprozentig "funktionieren" sollen und von denen stets der volle Einsatz verlangt wird, brauchen einen körperlichen und seelischen Ausgleich. Denn sonst wird die Freude an der Arbeit allmählich zur Zwangsjacke, Frust und Unzufriedenheit machen sich breit, man kann sogar nervös, depressiv, kontaktarm und verschlossen werden. Häufig kommt es zu Schlafstörungen. Vielfach droht auch die Fähigkeit verlorenzugehen, sich spontan zu freuen oder andere Gefühle zu zeigen. Der Grund: Das Ventil fehlt, um Aggressionen abzulassen, um Streß von

sich abzustreifen, um lästigen Ballast loszuwerden. Doch Streßabbau ist nötig, damit neue Kräfte in den Körper strömen können. Man schafft auch im Kopf wieder Platz für neue Ideen und kann schließlich wieder kreativer und effektiver arbeiten.

Den Kopf freibekommen für Neues, um wieder die kleinen und schönen Dinge im Leben zu entdecken, um sich wieder über Kleinigkeiten freuen zu können - dafür braucht der Mensch ein Ventil, und das heißt Bewegung, Aktivität und Sport!

Werden Sie endlich aktiver!

Wann haben Sie das letzte Mal bis zur Erschöpfung Federball gespielt? Erinnern Sie sich noch an Ihren letzten Waldlauf, an eine Runde auf dem Trimm-dich-Pfad oder an die letzte Radtour? Vielleicht wissen Sie wenigstens, wann Sie zuletzt eine Nacht durchgetanzt haben? Wenn nicht, ist das traurig, denn dann liegt es sicher Jahre zurück und seitdem sind Sie bestimmt unsportlich geworden, haben an Gewicht zugenommen, fühlen sich schwer, behäbig und - sind unzufrieden! Fangen Sie gleich heute damit an, mehr Bewegung in Ihr Leben zu bringen! Es bringt übrigens schon viel für die Gesundheit, täglich 3 bis 4 Stockwerke Treppen zu steigen anstatt den Aufzug zu benutzen oder eine halbe Stunde in flottem Tempo spazieren zu gehen. Und sicher können Sie einige Dinge auch zu Fuß oder mit dem Rad statt aus alter Gewohnheit mit dem Auto erledigen. Vielleicht bekommen Sie bald Lust auf noch mehr Bewegung und besinnen sich auf Sportarten, die Ihnen früher einmal viel Spaß gemacht haben.

Körperliche Aktivität hat eine geradezu faszinierende Wirkung auf unser Wohlbefinden. Durch große körperliche Anstrengung wie sie beispielsweise bei Ausdauersportarten erforderlich ist (Spielsportarten wie Fußball, Basketball, Volleyball oder bei Langlauf, Marathon) werden im Körper hormonähnliche Substanzen (Endorphine) ins Blut abgegeben. Sie erzeugen ein Glücksgefühl, ein Gefühl der inneren Zufriedenheit, das einen glauben läßt, die ganze Welt umarmen zu können. Was viele mit Drogen erreichen wollen, funktioniert durch regelmäßige sportliche Anstrengung von selbst: Sich rundherum glücklich, zufrieden und ausgeglichen zu fühlen. Außerdem erleichtert Bewegung das Abnehmen, bringt neue Erlebnisse in den Alltagstrott und schafft Kontakte. Unter Ihresgleichen werden Sie schnell neue Freund- und Bekanntschaften schließen, die sicherlich gemeinsame

Unternehmungen, Einladungen und sonstige Treffs nach sich ziehen. Solche Dinge locken Sie aus der Reserve, stärken die Persönlichkeit, steigern die Lebensfreude und den Spaß an der Freizeit.

Um sich körperlich fit zu halten, braucht man kein Leistungssportler zu werden. Man sollte sich seine Sportart nach gesundheitlicher Eignung aussuchen (und dazu auch den Arzt befragen!) und sie regelmäßig betreiben. Natürlich kann man, je nach körperlicher Konstitution, Steigerungen versuchen, dabei lernt man seine Grenzen und Möglichkeiten wohl am besten kennen. Sinnvoll ist auch, stets richtig ins Schwitzen zu kommen, denn das trainiert den Körper zusätzlich, stärkt den Kreislauf und macht Sie widerstandsfähiger gegen Kälte und Hitze. Während und nach dem Sport sollten Sie reichlich trinken - am besten kohlensäurearmes Mineralwasser, das nicht zu kalt ist. Wenn Sie ausgiebig schwitzen, verlieren Sie neben Wasser auch Kochsalz (Natrium und Chlorid) und andere Mineralien. Deshalb sollten Sie den Verlust nach Sport durch natriumhaltiges Mineralwasser (wir empfehlen sonst nur natriumarmes Wasser) ausgleichen.

Etwas Gymnastik jeden Tag

Ob morgens, abends oder zweimal am Tag - ein paar Dehn-, Streck- und Lockerungsübungen sollte man täglich machen. Dafür öffnen Sie das Fenster und sorgen für eine gute Durchlüftung des Zimmers. Machen Sie nur leichte Übungen wie zum Beispiel Seilspringen, Marschieren auf der Stelle und leichte Gymnastik. Am besten besorgen Sie sich ein gutes Buch mit den entsprechenden Anleitungen und Tips. Gymnastische Übungen werden auch in den meisten Frauenzeitschriften regelmäßig vorgestellt.

Belohnen Sie sich für Ihre neue Aktivität!

Wenn Sie sich nun entschlossen haben, Ihre Ernährung nach der Trennkost zu gestalten und wieder sportlich aktiver zu werden, dann sollten Sie schnellstens damit beginnen. Bei konsequenter Durchführung Ihres Vorhabens werden Sie sich schon bald besser fühlen. Vielleicht sind nach zwei Wochen Trennkost und sportlicher Betätigung schon ein paar Pfunde geschmolzen, vielleicht reizt Sie das dazu, sich wieder etwas Schickes zum Anziehen zu kaufen. Bloß nichts Langweiliges wählen, denn das würde zu Ihrem neuen Lebensgefühl nicht mehr passen! Machen Sie mehr aus Ihrem Typ und trauen Sie sich an Farben wie pink, lila, maisgelb, olivgrün und an harmonische Muster heran. Wie wäre es mit einem dazu passenden Lippenstift, einem neuen Parfüm mit sportlich-erfrischender Note und einer flotteren Frisur? Belohnen Sie sich für die Kraft und den Mut, sich von "alten Zöpfen" verabschiedet zu haben, und gönnen Sie sich hin und wieder etwas für Ihr Ego. Das kann natürlich auch eine Konzert- oder Theaterkarte sein oder ein Kinobesuch. Freuen Sie sich an Ihrem Wohlbefinden und genießen Sie es!

Mit Entschlackungs-
tagen beginnen

Überzeugte Trennköstler empfehlen, vor Beginn der Ernährungsumstellung den Körper zu entschlacken. Ideal ist ein reiner Entschlackungstag, den Sie aus folgende Vorschlägen wählen können. Entschlackungstage sind auch während der Trennkost sinnvoll, vor allem wenn Sie trotz aller Trennung etwas über die Stränge geschlagen haben. Wenn Sie nun in letzter Zeit zu viele Kalorien zu sich genommen haben, sollten Sie diese mit regelmäßigen Entschlackungstagen bekämpfen. Natürlich dürfen solche Tage kein Alibi sein, um dazwischen immer wieder bei kalorienreichen Nahrungsmitteln, die in der Trennkost ja nicht verboten sind, kräftig zuzulangen. Sie sollten vielmehr darauf achten, Ihre Mahlzeiten künftig besser zusammenzustellen, damit der Kaloriengehalt Ihrem Bedarf entspricht, denn sonst nehmen Sie trotz Trennkost wieder zu.

Der Trink-Tag

An diesem Tag gibt es hauptsächlich natriumarme und kaliumreiche Getränke. Natrium bindet Wasser im Körper und schwemmt auf, Kalium ist der Gegenspieler des Natrium: Es schwemmt Wasser aus dem Körper, sorgt für eine gute Durchspülung der Nieren, wirkt entschlackend und unterstützt die Gewichtsabnahme. Natrium nehmen wir hauptsächlich als Kochsalz und mit kochsalzhaltigen Produkten (Wurst, Schinken, Käse, Brot) zu uns, außerdem ist es in Mineralwässern enthalten. Kalium dagegen finden wir überwiegend in Früchten, vor allem in Bananen und in Beerenobst, und in frischen Kräutern. Trinken Sie am Entschlackungstag mindestens 2 Liter Flüssigkeit. Geeignet sind bis zum Nachmittag Fruchtsäfte (Eiweißgruppe), insbesondere Traubensaft (auf die Kalorien achten!), ungesalzene Gemüsesäfte (neutrale Gruppe, z.B. Rote-Bete-Saft, Karottensaft, Tomatensaft, Gurkensaft) und natriumarmes Mineralwasser. Einige dieser Säfte sollte man selbst herstellen, so zum Bei-

spiel Gurkensaft. Auch bestimmte Kräutertees wirken harntreibend und entschlackend: Aufgüsse aus Liebstöckel, Wacholderbeeren, Brennessel- und Birkenblättern durchspülen die Nieren und entwässern. Auch andere Pflanzensäfte wie Petersiliensaft, Borretschsaft und Zinnkrautsaft entwässern den Körper. Zur Blutreinigung und Entschlackung eignet sich eine Mischung aus Birkenblätter-, Brennessel-, Brunnenkresse- und Borretschsaft. Diese Säfte erhält man in Apotheken und Reformhäusern. Und wenn der Magen zu sehr knurrt, essen Sie bis 15 Uhr nur frisches Obst der Eiweißgruppe, später dann 1-2 Bananen (Kohlenhydratgruppe, sie sättigen gut!) oder rohe Karotten (neutral, gut für die Verdauung).

Der Gemüse-Tag

Nach einem kleinen Frühstück aus Knäckebrot, Frischkäse und Honig gibt es den ganzen Tag nur saisonfrisches Gemüse und Salate in beliebiger Menge, roh zubereitet oder leicht in wenig Wasser oder Gemüsebrühe gedünstet. Salz und Fett werden nicht zugesetzt.

Der Obst-Tag

Bis 15 Uhr gibt es beliebige Mengen frisches Obst der Eiweißgruppe (je nach Saison Erdbeeren, Himbeeren, Kirschen, Pfirsiche, Aprikosen, Birnen, Weintrauben, säuerliche Äpfel, Kiwis, Ananas, Zitrusfrüchte etc.), ab 17 Uhr können Sie zwei Bananen essen oder zwei Pellkartoffeln. Die Früchte liefern reichlich Flüssigkeit, so daß Sie vielleicht gar keinen Durst verspüren. Abends sollten Sie trotzdem noch 1 - 2 Gläser stilles, natriumarmes Mineralwasser oder Kräutertee trinken.

Der Kartoffel-Tag

Nach einem kleinen Frühstück aus Knäckebrot, Quark und Honig gibt es nur Pellkartoffeln. Diese Art der Entschlackung wird von magen- und darmempfindlichen Personen besonders gut vertragen. Essen Sie über den Tag verteilt 700 g Pellkartoffeln und servieren Sie sie ohne Salz. Neue Kartoffeln können Sie samt der Schale essen. Trinken Sie dazu reichlich stilles, natriumarmes Mineralwasser.

Der Reis-Tag

Es gibt über den Tag verteilt 500 g gekochten Naturreis (entspricht etwa 150 g Rohgewicht), der ohne Salz zubereitet wird. Der Reis kann mit frischen Kräutern gewürzt werden. Wer es lieber süß mag, kann dazu 300 g mürbe Äpfel in wenig Wasser dünsten und untermischen. Ein extra Frühstück ist nicht vorgesehen. Außerdem sollte man reichlich stilles, natriumarmes Mineralwasser trinken.

Was sind eigentlich Körperschlacken?

Die Wissenschaftler hören den Begriff "Schlacken" nicht gerne, weil es solche im wissenschaftlichen Sinn im Körper nicht gibt. Sie werden eher als Stoffwechselprodukte bezeichnet. Was wir landläufig damit meinen, sind körperbelastende Stoffe im Blut. Das können schädliche Nahrungsbestandteile sein, sie können aber auch aus dem Abbau der Nährstoffe, insbesondere aus dem Eiweiß- und dem Purinabbau, stammen.

Harnsäure, das Endprodukt des Purinabbaus, kann sich beispielsweise im Blut ansammeln, wenn die Nieren sie nicht ausreichend ausscheiden. Die Folge eines erhöhten Harnsäurespiegels sind schließlich Harnsäureablagerungen in den Gelenken und im Nierengewebe, die dann zu den schmerzhaften Gichtattacken führen.

Auch Cholesterin kann man zu den "Schlackenstoffen" zählen. Wir nehmen es hauptsächlich zusammen mit tierischem Fett zu uns. Große Cholesterinmengen können sich an den Gefäßwänden anlagern und die Blutgefäße verengen. Dies führt zu Blutdruckerhöhung und hat eine starke Belastung des Herzens zur Folge. Im schlimmsten Fall führen Gefäßverengungen zu Herzinfarkt und Schlaganfall.

Wozu Entschlackungstage?

Bei Nahrungskarenz und reichlicher Flüssigkeitszufuhr werden Körperschlacken gründlicher und schneller ausgeschieden, die Nierentätigkeit wird angeregt. Ein völlig cholesterinfreier Tag kann den Blutfettspiegel wieder ins Lot bringen.

Unerwünschte Stoffe sammeln sich auch im Darm. Ein Entschlackungstag reinigt deshalb nicht nur das Blut, er bringt auch den trägen Darm in Schwung, dabei wird er regelrecht "durchgefegt". Damit ist der gesamte Verdauungstrakt vorbereitet für die Aufnahme einer gesunden, vitalisierenden Kost.

Hinweise zu den Rezepten

Die Rezeptnamen haben drei verschiedene Farben, damit man auf einen Blick sehen kann, zu welcher Lebensmittelgruppe das Gericht gehört:

Blau = Kohlenhydratgericht
Grün = neutrales Gericht
Rot = Eiweißgericht

Alle Rezepte reichen für 2 Portionen aus. Bei fast allen Rezepten ist es möglich, die Menge problemlos zu verdoppeln oder zu halbieren.

Die Zutatenmengen beziehen sich bei Obst und Gemüse immer auf die ungeputzte Rohware. Bei Stückangaben ohne Gewichtsangabe wird immer von einem Stück mittlerer Größe ausgegangen.

Die Zubereitungszeit umfaßt die Vorbereitungs- und Garzeit(en). Sonderzeiten wie Zeiten zum Marinieren, Kühlen etc. werden extra angegeben.

Bei vielen Rezepten gibt es Tips zum Variieren und für passende Beilagen, damit Sie Ihre Ernährung noch abwechslungsreicher gestalten können.

Im Anhang auf den Seiten 150 bis 153 finden Sie Vorschläge, wie Sie sich als Einsteiger 1 Woche lang trennkostgerecht ernähren können, einen Diätplan für 2 Wochen Trennkost zum Abnehmen sowie viele Menüvorschläge für Ihre Familie und für Gäste.

Abkürzungen

Tl	=	Teelöffel
El	=	Eßlöffel
g	=	Gramm
kg	=	Kilogramm
l	=	Liter
ml	=	Milliliter (1000 ml = 1 l)
cl	=	Centiliter (100 cl = 1l)
F.i.Tr.	=	Fett in der Trockenmasse
ca.	=	circa
°C	=	Grad Celsius
Tk-	=	Tiefkühl-
Gew.-Kl.	=	Gewichtsklasse
Msp.	=	Messerspitze
kcal	=	Kilokalorien
kJ	=	Kilojoule

Rezepte

Hier finden Sie trennkostgerechte Rezepte für sämtliche
Mahlzeiten des Tages. Alle Gerichte sind ganz einfach
nachzukochen und schmecken köstlich. Für jede Gele-
genheit ist etwas dabei: schnelle Gerichte und Gerichte
zum Mitnehmen, Gerichte zum Abnehmen und solche,
die Ihre ganze Familie begeistern werden. Probieren Sie
am besten gleich etwas aus!

Frischkäse-Schnittchen, süß und pikant

Kohlenhydratgericht
Für 2 Portionen:

200 g körniger Frischkäse, 20% F. i. Tr.
6 Scheiben (à 10 g) Vollkorn-knäckebrot mit Sesam
2 El Honig (40 g)
1 große Banane (150 g ge-schält)
2 El feingehackte frische Kräuter
weißer Pfeffer
Meersalz

1. Den körnigen Frischkä-se auf die Knäckebrot-scheiben verteilen. Auf vier Knäckebrotscheiben den Honig träufeln.
2. Die Banane schälen, in dünne Scheibchen schnei-den und diese schuppen-artig auf die Honig-Knäcke-brote legen.
3. Auf die übrigen zwei Knäckebrote die Kräuter streuen und diese leicht mit Pfeffer und Meersalz würzen.
4. Jeweils zwei Bananen-Knäckebrote und ein Kräuter-Knäckebrot pro Portion servieren.

Zubereitungszeit: ca. 10 Minuten
Pro Portion ca. 323 kcal/1351 kJ

Tip
Wer morgens lieber nur etwas Pikantes mag, kann statt Honig und Banane auch Radieschenscheiben und Kresse auf das Frischkäse-Knäcke legen. Und wenn Sie nur auf Süßes zum Frühstück ste-hen, dann essen Sie eben drei Bananen-Brote.

Vollkornbrote mit Aprikosen und Käse

Kohlenhydratgericht
Für 2 Portionen:

50 g getrocknete Aprikosen
80 g Mager- oder Creme-quark mit 0,2% F. i. Tr.
2 Tl Honig (20 g)
4 Scheiben (à 50 g) Roggenvollkornbrot oder Vollkornbrot mit Sonnen-blumenkernen
2 Tl Butter (10 g)
80 g Rahm-Camembert, 60% F. i. Tr.
Paprikapulver edelsüß nach Geschmack

1. Die Aprikosen heiß überbrühen, gut abtropfen lassen und sehr fein wie-gen oder durch den Fleischwolf drehen bzw. mit dem Passierstab pürieren.
2. Den Quark mit dem Honig glattrühren und auf zwei Brotscheiben vertei-len. Das Aprikosenmus darübergeben.
3. Die anderen zwei Brot-scheiben mit Butter be-streichen, den Käse in Scheiben schneiden und darauf legen. Das Ganze mit Paprika würzen. Je ein Aprikosen- und ein Käse-brot pro Portion servieren.

Zubereitungszeit: ca. 1/4 Stunde
Pro Portion ca. 513 kcal/2146 kJ

Tip
Am besten zerkleinern Sie gleich eine ganze Pak-kung getrockneter Apriko-sen. Drehen Sie die Früch-te entweder durch den Fleischwolf oder zermusen Sie sie in der Moulinette.

Käse-Toast, mild und fruchtig

Kohlenhydratgericht
Für 2 Portionen:

4 Scheiben (à 25 g) Weizen-
vollkorn-Toastbrot
3 - 4 Tl Butter
1 großer mürber, süßer Apfel
(150 g, z.B. Morgenduft, Boskop)
1 - 2 El Mandelblättchen
4 Scheiben (100 g) Rahm-
Butterkäse, 60% F. i. Tr.

1. Die Toastbrot-Schei-
ben dünn mit Butter be-
streichen.
2. Den Apfel waschen, mit
einem Apfelbohrer das
Kernhaus herausstechen
und den Apfel in dünne
Ringe schneiden.
3. Die Ringe auf die Brotscheiben verteilen und die
Mandelblättchen darüber-
streuen. Jede Toastbrot-

Scheibe mit eine Scheibe
Rahm-Butterkäse ab-
decken und zunächst zwei
Brote unter dem Grill etwa
10 Minuten überbacken,
bis der Käse schmilzt. Sofort heiß servieren.
4. Die beiden übrigen
Brote genauso fertigstel-
len und ebenfalls heiß auf
den Tisch bringen.

Zubereitungszeit: ca. 10 Minuten
Zeit zum Überbacken: ca. 20 Minuten
Pro Portion ca. 472 kcal/1975 kJ

Tip
*Toastbrot schmeckt warm
und frisch geröstet am besten. Deshalb nicht alle
Schnitten auf einmal überbacken, sondern portions-
weise.*

Knuspriges Bananen-Röggli

Kohlenhydratgericht
Für 2 Portionen:

2 Roggenvollkornbrötchen
3 - 4 Tl Butter
1 El Zuckerrübensirup
("Rübenkraut")
1 - 2 Bananen
2 El Mandelblättchen

1. Die Roggenbrötchen
halbieren und jede Hälfte
mit Butter und Zuckerrü-
bensirup bestreichen.
2. Die Bananen schälen
und in Scheiben schnei-
den, sie dachziegelartig
auf die Brötchenhälften
legen.
3. Die Mandelblättchen
auf den Brötchenhälften
verteilen und das Ganze
sofort servieren.

Zubereitungszeit: ca. 10 Minuten
Pro Portion ca. 296 kcal/1238 kJ

Tip
*Besonders knusprig wird
dieses Frühstück, wenn
Sie die Mandelblättchen in
einer beschichteten Pfan-
ne trocken anrösten. Be-
reiten Sie gleich einen
kleinen Vorrat gerösteter
Mandelblättchen zu, denn
nur so lohnt sich der Auf-
wand. Die gerösteten
Mandelblättchen halten
Sie am besten in einem
dicht schließenden Glas
oder in einer Blechdose
frisch und knusprig.*

Haferflocken-müsli mit Trockenfrüchten

Kohlenhydratgericht
Für 2 Portionen:

**75 g gemischte
ungeschwefelte
Trockenfrüchte (Äpfel, Bananen, Aprikosen, Birnen,
Pflaumen, Feigen, Rosinen)
100 g Vollkornhaferflocken
2 El Apfeldicksaft
300 g gerührter Magermilchjoghurt, 0,3% Fett**

1. Die Trockenfrüchte kurz heiß überbrausen, dann über Nacht in Wasser einweichen.
2. Das Wasser am nächsten Morgen abgießen und die Früchte in Stückchen schneiden.
3. Den Apfeldicksaft unter den Joghurt rühren und die Mischung auf zwei Teller verteilen. Die Haferflocken-Früchte-Mischung darauf geben und das Müsli sofort servieren.

Zubereitungszeit: ca. 10 Minuten
Zeit zum Einweichen: ca. 8 Stunden
Pro Portion ca. 284 kcal/1188 kJ

Tip
Wer mag, kann noch gehackte Nüsse (neutral) unter das Müsli mischen. Der Kaloriengehalt erhöht sich entsprechend. Statt Magermilchjoghurt können Sie auch andere gesäuerte Milchprodukte wie zum Beispiel Buttermilch oder fettarmen Kefir verwenden. Wenn Sie das Frühstück für Familienmitglieder zubereiten, die nicht nach der Trennkost leben, können diese statt der gesäuerten Milch (neutral) auch normale Frischmilch (Eiweißgruppe) essen.

Bananen-Apfel-Müsli

Kohlenhydratgericht
Für 2 Portionen:

**50 g Weizenkörner
(Sprießkornweizen aus dem
Reformhaus)
1 Tl Weizenkleie
2 Tl ungeschwefelte Rosinen
2 kleine Bananen (200 g geschält)
1 mürber, süßer Apfel (125 g,
z.B. Morgenduft, Boskop)
1 El flüssiger Honig (20 g)
175 g Sahnedickmilch,
10% Fett
4 El Buttermilch**

1. Die Weizenkörner lau-
warm waschen, dann in
etwas Wasser über Nacht
einweichen und quellen
lassen. Am nächsten Mor-
gen auf ein Sieb schütten
und gut abtropfen lassen,
in eine Schüssel geben,
die Kleie untermischen.
2. Die Rosinen heiß abspülen und hinzugeben.
Alles gut vermengen.
3. Die Bananen schälen
und in Scheibchen schnei-
den. Den Apfel waschen,
vierteln, das Kernhaus
entfernen und das Frucht-
fleisch kleinschneiden.
Dann das Obst unter die
Körner mischen.
4. Den Honig unter die
Sahnedickmilch rühren,
die Buttermilch darunter-
mischen, damit die Masse
etwas flüssiger wird. Diese
Mischung auf zwei Teller
verteilen. Die Körner-
Obst- Mischung darauf
geben.

**Zubereitungszeit: ca. 1/4 Stunde
Zeit zum Einweichen: ca. 8 Stunden
Pro Portion ca. 354 kcal/1481 kJ**

Pumpernickel-Müsli

Kohlenhydratgericht
Für 2 Portionen:

**3 Scheiben Pumpernickel
(à 50 g) oder ersatzweise
Roggenvollkornbrot
25 g Walnußkerne
1 El ungeschwefelte Ko-
rinthen
1 Tl flüssiger Honig (10 g)
1 großer mürber Apfel (150 g)
250 - 300 g Schweden- oder
Sauermilch, 3,5% Fett
1 - 2 El Apfeldicksaft
Zitronenmelisse zum
Garnieren**

1. Die Pumpernickel- oder
Vollkornbrotscheiben zer-
krümeln und die Wal-
nußkerne grob hacken.
Beides zusammen in einer
beschichteten Pfanne
trocken anrösten, dabei
die Pfanne leicht rütteln,
damit alle Krümel rundherum knusprig werden.
2. Die Korinthen untermischen, den Honig darü-
berträufeln und das Ganze
unter ständigem Rühren
noch kurz weiterrösten.
3. Den Apfel waschen,
vierteln, vom Kernhaus
befreien und würfeln, die
Würfel dann unter das
Müsli mischen.

4. Die Schweden- oder
Sauermilch mit dem Apfel-
dicksaft verrühren und auf
zwei Teller verteilen. Die
Müslimischung darauf ge-
ben. Jede Portion mit Zi-
tronenmelisse garnieren.

Zubereitungszeit: ca. 25 Minuten
Pro Portion ca. 399 kcal/1669 kJ

Tip
*Zum Süßen kann man
auch andere alternative
Süßungsmittel verwenden,
beispielsweise Honig, Frutilose oder Ahornsirup.*

Karotten-Apfel-Müsli

Kohlenhydratgericht
Für 2 Portionen:

**300 g frische, saftige
Karotten
1 großer mürber Apfel (150 g)
30 g geschälte Sonnenblu-
menkerne oder Pinienkerne
3 Scheiben (à 10 g) Vollkorn-
knäckebrot
2 Tl flüssiger Honig (20 g)
200 g Sahnejoghurt,
10% Fett**

1. Die Karotten unter
fließendem Wasser abbür-
sten, mit Küchenpapier
abtrocknen und auf der
groben Reibe raffeln.
2. Den Apfel waschen,
vierteln, entkernen und
würfeln. Die Apfelstücke
unter die Karottenraspel
mischen.
3. Die Sonnenblumen-
oder Pinienkerne grob
hacken. Das Knäckebrot
zerkrümeln und beides
unter die Karotten-Apfel-
Mischung mengen. Den
Honig darüberträufeln.
4. Den Sahnejoghurt cremig rühren und auf zwei
Teller verteilen. Die Müslimischung darauf geben.

**Zubereitungszeit: ca. 20 Minuten
Pro Portion ca. 370 kcal/1548 kJ**

Tip
*Sahne-Joghurt enthält
10 Prozent Fett und etwa
125 kcal pro 100 g. Wer
Kalorien sparen will, kann
Vollmilch-Joghurt mit 3,5
Prozent Fett und 64 kcal
pro 100 g verwenden. Bei
diesem Rezept spart man
dann rund 60 kcal pro
Portion.*

Joghurt mit Heidelbeeren und Mandeln

Neutrales Gericht
Für 2 Portionen:

300 g Vollmilchjoghurt
150 g Sahnedickmilch, 10% Fett
100 g vollreife Heidelbeeren
30 g Mandeln
1 El Weizenkleie
1 - 2 Tl Honig

1. Den Vollmilchjoghurt mit der Sahnedickmilch verrühren und diese Mischung auf zwei tiefe Teller verteilen.
2. Die Heidelbeeren waschen, verlesen und auf den Joghurt streuen.
3. Die Mandeln grob hacken und zusammen mit der Weizenkleie in einer beschichteten Pfanne trocken anrösten. Den Honig untermischen, das Ganze unter Rühren weiterrösten und leicht karamelisieren lassen.
4. Die Knuspermischung etwas abkühlen lassen, dann über die Heidelbeeren streuen.

Zubereitungszeit: ca. 25 Minuten
Pro Portion ca. 342 kcal/1431 kJ

Nußknacker-Müsli

Neutrales Gericht
Für 2 Portionen:

75 g gemischte Nüsse und Kerne (z.B. Haselnüsse, Walnußkerne, Cashewkerne, Pinienkerne, Mandeln, Sonnenblumenkerne)
1 El Weizenkleie
1 El flüssiger Honig
2 El ungeschwefelte Rosinen
300 g fettarme Dickmilch oder fettarmer Joghurt

1. Die Nüsse und Kerne grob hacken, dann in einer beschichteten Pfanne trocken anrösten und die Weizenkleie unterrühren.
2. Den Honig darüberträufeln und die Nußmischung unter ständigem Rühren noch kurz weiterrösten. Die Pfanne vom Herd nehmen, die Rosinen hinzugeben und die Masse abkühlen lassen.
3. Die Dickmilch bzw. den Joghurt glattrühren und auf zwei Teller verteilen. Die Nußmischung darüber geben.

Zubereitungszeit: ca. 20 Minuten
Pro Portion ca. 349 kcal/1460 kJ

Tip
Die Nußmischung können Sie bereits am Abend vorher zubereiten.

Frischkäse-Paprika

Neutrales Gericht
Für 2 Portionen:

**125 g Doppelrahmfrischkäse,
60% F. i. Tr.
100 g Cremequark,
0,2% F.i. Tr.
50 g stichfeste saure Sahne,
10% Fett
1/2 Bund Schnittlauch
weißer Pfeffer
1/2 Tl Paprikapulver edelsüß
Meersalz
2 kleine rote, rundliche
Paprikaschoten (à ca. 100 g
geputzt)**

1. Den Doppelrahmfrischkäse mit einer Gabel zerdrücken und mit dem Cremequark und der sauren Sahne cremig rühren.
2. Den Schnittlauch waschen, trockentupfen und in feine Röllchen schneiden. Diese unter die Frischkäsemasse mischen und das Ganze mit Pfeffer, Paprika und Meersalz pikant würzen.
3. Die Paprikaschoten waschen, abtrocken und den Stengelansatz als flachen Deckel abschneiden. Die Schoten vorsichtig aushöhlen, dabei Kerne und weiße Innenwände entfernen.
4. Die Frischkäsemasse in die Schoten füllen, fest andrücken und die Oberseite mit Frischhaltefolie abdecken. Die Schoten 2 - 3 Stunden im Kühlschrank durchziehen lassen, dann in Scheiben schneiden und servieren.

Zubereitungszeit: ca. 1/2 Stunde
Zeit zum Durchziehen:
ca. 2 - 3 Stunden
Pro Portion ca. 303 kcal/1268 kJ

Kräutercreme mit Gurke

Neutrales Gericht
Für 2 Portionen:

**250 g Cremequark,
0,2% F.i. Tr.
150 g Vollmilchjoghurt
weißer Pfeffer
Meersalz
1/2 kleine Knoblauchzehe
nach Geschmack
1/2 Bund Dill
1/2 Bund Schnittlauch
1 Stück Salatgurke (150 g)**

1. Den Quark mit dem Joghurt glattrühren und die Creme mit Pfeffer und Meersalz würzen.
2. Nach Geschmack die halbe Knoblauchzehe abziehen, durch eine Presse drücken und unter die Creme rühren.
3. Die Kräuter waschen, trockentupfen, fein hacken und unter die Quarkcreme mischen. Dillfähnchen und gehackten Schnittlauch zum Garnieren beiseite legen.
4. Das Gurkenstück schälen, fein würfeln und unter die Kräutercreme heben. Mit Kräutern und Gurkenwürfeln bestreut servieren.

Zubereitungszeit: ca. 25 Minuten
Pro Portion ca. 130 kcal/544 kJ

Tip

Die Kräutercreme eignet sich auch gut zum Mitnehmen für die Zwischenmahlzeit im Büro. Da sie "neutral" ist, können Sie sie gut mit Brot kombinieren (Sie haben dann ein Kohlenhydratgericht).

Frühstücksteller "Exotica"

Eiweißgericht
Für 2 Portionen:

2 Kiwis (150 g)
2 große Scheiben frische
Ananas (200 g)
1 unbehandelte rosa
Grapefruit
150 g Erdbeeren
1 frische Mango (200 g
Fruchtfleisch)
2 El Kokosraspel

1. Die Kiwis schälen und
in Scheiben schneiden.
2. Von einer frischen Ananas zwei schöne große
Scheiben abschneiden,
davon die Schale entfernen. Das Innere der Scheiben, das bei Dosenfrüchten herausgestochen ist,
kann mitgegessen werden.
3. Die Grapefruit waschen,
sie ungeschält quer in
Scheiben schneiden.

4. Die Erdbeeren waschen, putzen und je nach
Größe ganz lassen oder
halbieren.
5. Von der Mango die
ledrige Haut mit einem
spitzen Messer abziehen.
Dann das Fruchtfleisch in
Spalten vom Kern schneiden. Dabei über einem
Teller arbeiten und den
Saft auffangen.
6. Die Früchte nun auf
zwei Tellern hübsch anrichten. Den aufgefangenen Mangosaft und die
Kokosraspel darüber verteilen.

Zubereitungszeit: ca. 1/2 Stunde
Pro Portion ca. 253 kcal/1059 kJ

Frischkäse mit Erdbeeren

Eiweißgericht
Für 2 Portionen:

400 g körniger Frischkäse,
20% F. i. Tr.
200 g frische Erdbeeren
2 Tl flüssiger Honig
2 Tl Pistazien
2 kleine Zweige
Zitronenmelisse zum
Garnieren

1. Den körnigen Frischkäse in zwei tiefe Teller füllen.
2. Die Erdbeeren waschen, trockentupfen, putzen und je nach Größe
halbieren oder vierteln.
Dann die Erdbeerstücke
auf dem Frischkäse verteilen.
3. Den Honig über die
beiden Portionen träufeln
und die Pistazien darüberstreuen. Die Zitronenmelisse waschen, trocken-

tupfen und jede Portion
mit einem kleinen Zweig
garnieren.

Zubereitungszeit: ca. 10 Minuten
Pro Portion ca. 303 kcal/1268 kJ

Tip
Statt Erdbeeren können
Sie jedes andere frische
Obst - außer Bananen -
für diese Mahlzeit verwenden. Beachten Sie aber,
daß frische Ananas, Papayas, Feigen und Kiwis
ein eiweißspaltendes Enzym enthalten, das das
Milcheiweiß angreift.
Frischkäse und andere
Milchprodukte bekommen
dadurch einen bitteren Geschmack. Bei Konservenobst ist dieses Enzym
durch die Erhitzung zerstört. In der Trennkost
sollten Sie aber auf Dosenfrüchte verzichten und
frisches Obst verwenden.

Käseteller mit Früchten

Eiweißgericht
Für 2 Portionen:

1 fingerdicke Scheibe Tilsiter (100 g), 45% F. i. Tr.
1 runder Camembert (125 g), 30% F. i. Tr.
200 g körniger Frischkäse, 20% F. i. Tr.
2 Walnußkerne
2 vollreife Birnen (250 g)
150 g Weintrauben
1 Stück Honigmelone (200 g Fruchtfleisch)
2 kleine Zweige Zitronenmelisse

1. Den Tilsiter in gleich große Würfel bzw. Quader schneiden. Die Camembert-Torte vierteln. Den Käse auf zwei Teller verteilen, in die Mitte jeweils die Hälfte des körnigen Frischkäses setzen.

2. Den Käse mit Walnußkernhälften garnieren.
3. Die Birnen waschen, vierteln, das Kernhaus entfernen und die Birnenviertel längs in Spalten schneiden. Fächerartig auf den Tellern anrichten.
4. Die Weintrauben waschen, abtropfen lassen und zwischen dem Käse arrangieren.
5. Aus dem Melonenstück mit einem Kugelausstecher Kugeln herausstechen. Sie auf dem Käseteller anordnen.
6. Die Zitronenmelisse waschen, trockentupfen und je einen Zweig auf den Tellern arrangieren.

Zubereitungszeit: ca. 35 Minuten
Pro Portion ca. 595 kJ/2489 kcal

Herbstlicher Fruchtsalat mit Mandeln

Eiweißgericht
Für 2 Portionen:

1 Orange (125 g Fruchtfleisch)
200 g Weintrauben (evtl. grüne und blaue gemischt)
1 säuerlicher, saftiger Apfel (150 g, z.B. Granny Smith)
1 saftige Birne (125 g)
2 El Mandelstifte
1 El Ahornsirup
100 g Vollmilchjoghurt

1. Die Orange dick abschälen und dabei die weiße Haut entfernen. Die Frucht in Spalten teilen, diese in mundgerechte Stücke schneiden.
2. Die Weintrauben unter fließendem Wasser waschen, die Beeren abzupfen, halbieren und dabei nach Belieben die Kerne entfernen.
3. Den Apfel und die Birne waschen, vierteln, jeweils das Kernhaus entfernen und das Fruchtfleisch kleinschneiden. Alle Früchte in einer großen Schüssel mischen, dann auf zwei flache Schälchen verteilen, auf jede Portion 1 El Mandelstifte streuen.
4. Den Ahornsirup unter den Joghurt mischen und das Ganze über die Früchte verteilen.

Zubereitungszeit: ca. 1/2 Stunde
Pro Portion ca. 272 kcal/1138 kJ

Tip
Je nach Marktangebot können Sie statt der Orange auch 1 - 2 Blutorangen oder 3 - 4 Mandarinen nehmen. Mandeln können Sie durch Nüsse, Sonnenblumenkerne, Pinienkerne oder Pistazien ersetzen.

45

Sonntags-frühstück "Graubünden"

Eiweißgericht
Für 2 Portionen:

1 große rosa Grapefruit
2 Scheiben frische Ananas
(ca. 200 g)
einige Kopfsalatherzen oder
zarte, grüngelbe Kopfsalat-
blätter
30 g Bündner Fleisch in
hauchdünnen Scheiben
1 dicke Scheibe Greyerzer
oder Bergkäse, (50 g,
45 -50% F. i. Tr.)
einige Zweige frischer
Kerbel
100 g Sahnedickmilch, 10%
Fett
weißer Pfeffer
1 hartgekochtes Ei
(Gew.-Kl. 4)

1. Die Grapefruit quer halbieren, mit einem scharfen
spitzen Messer die Fruchtfilets zwischen den Häu-
ten herausschneiden, sie
dann mit einem Teelöffel
herausheben.
2. Von den Ananas-
scheiben die Schale ent-
fernen,das Fruchtfleisch in
Stückchen schneiden und
mit den Grapefruitfilets
mischen.
3. Die Kopfsalatherzen
oder -blätter waschen, gut
abtropfen lassen und auf
zwei Schälchen verteilen.
Das Obst darauf dekorativ
anrichten.
4. Die Scheiben Bündner
Fleisch zu Tütchen drehen
oder locker falten und dazwischen arrangieren. Den
Käse in schmale Streifen
schneiden und darüber
verteilen.
5. Den Kerbel waschen,
trockentupfen und fein

wiegen. Ihn unter die
Sahnedickmilch mi-
schen, das Ganze mit
Pfeffer würzen und über
die beiden Portionen ver-
teilen. Das gekochte Ei
pellen, vierteln und auf
jeder Portion zwei Eiviertel
anrichten.

Zubereitungszeit: ca. 35 Minuten
Pro Portion ca. 333 kcal1391 /kJ

Tip
*Je nach Marktangebot
können Sie dieses beson-
dere Frühstück durch an-
dere Salat- oder Obstsor-
ten variieren. Probieren
Sie doch einmal Batavia-
oder Lollo-bionda-Salat,
kombiniert mit Erdbeeren
und Mangos oder auch
Orangen.*

46

Rührei mit Champignons und Schinken

Eiweißgericht
Für 2 Portionen:

100 g frische Champignons
50 g Rindersaftschinken in
Scheiben
1 kleine Zwiebel
25 g Butter
4 Eier (Gew.-Kl. 4)
Meersalz
weißer Pfeffer
1/2 Bund Schnittlauch

1. Die Champignons unter fließendem Wasser waschen, dann putzen und blättrig schneiden.
2. Den Schinken in schmale Streifen schneiden, die Zwiebel abziehen und fein würfeln.
3. In einer beschichteten Pfanne die Butter erhitzen, die Zwiebelwürfel darin glasig dünsten, dann die Schinkenstreifen und die Pilze hinzugeben und unter gelegentlichem Umrühren andünsten.
4. Die Eier aufschlagen und mit einem Schneebesen gut verquirlen, Meersalz und Pfeffer unterrühren und die Eimasse in der Pfanne verteilen. Die Masse stocken lassen, mit der Gabel etwas zusammenschieben, so daß flüssige Eimasse auf den Pfannenboden läuft und die Rühreier fertigbacken.
5. Den Schnittlauch waschen, trockentupfen und in feine Röllchen schneiden. Die Rühreier auf zwei Teller verteilen und mit Schnittlauch bestreuen.

Zubereitungszeit: ca. 25 Minuten
Pro Portion ca. 308 kcal/1289 kJ

Kräuter-Omelett mit Pilzen

Eiweißgericht
Für 2 Portionen:

4 Eier (Gew.-Kl. 4)
weißer Pfeffer
Meersalz
1/2 Bund Petersilie
1 Spritzer Zitronensaft
200 g frische Champignons
50 g Butter
weißer Pfeffer
Meersalz

1. Die Eier sauber trennen und die Eigelbe mit Pfeffer und Meersalz verquirlen.
2. Die Petersilie waschen, die dicken Stengel entfernen und die zarten Stiele mit den Blättchen fein wiegen, dann unter die Eigelbmasse mischen. Die Eiweiße mit etwas Zitronensaft sehr steif schlagen und mit dem Schneebesen unter die Eigelbmasse ziehen.
3. Die Champignons waschen, putzen und blättrig schneiden. Etwas Butter in einer beschichten Pfanne erhitzen. Die Champignons in der Butter rundherum ca. 3 Minuten andünsten. Mit Pfeffer und Salz würzen, dann herausnehmen und warm stellen.
4. Die restliche Butter auf zwei beschichtete Pfannen verteilen, erhitzen und jeweils die Hälfte der Omelett-Masse hineingeben, stocken lassen, bis die Oberfläche nicht mehr flüssig ist, dann wenden und fertigbacken. Die Omeletts auf Teller gleiten lassen, die Champignons daraufgeben, zusammenklappen und das Ganze servieren.

Zubereitungszeit: ca. 1/2 Stunde
Pro Portion ca. 379 kcal/1586 kJ

Gemüse-Eierfladen

Eiweißgericht
Für 2 Portionen:

75 g zarter Lauch (ohne die
dunkelgrünen Blätter)
100 g zarte, kleine Zucchini
100 g junge Karotten
30 g Butter
4 Eier (Gew.-Kl. 4)
weißer Pfeffer
Meersalz
2 El gehackte Petersilie

1. Den Lauch gründlich waschen, welke Blätter entfernen, die zarten Teile in feine Ringe schneiden. Auf ein Sieb geben und unter fließendem Wasser gründlich spülen. Das Gemüse auf Küchenkrepp gut abtropfen lassen.
2. Die Zucchini waschen, putzen und grob raspeln. Die Karotten unter fließendem Wasser abbürsten und auch grob raspeln.
3. Die Butter in einer beschichteten Pfanne erhitzen. Die Eier mit dem Schneebesen verquirlen und mit Pfeffer und Meersalz würzen.
4. Das Gemüse in der Pfanne verteilen und etwa 3 Minuten andünsten, es dann locker wenden und die Eimasse darübergießen. Das Ganze stocken lassen, bis die Oberfläche nicht mehr flüssig ist, dann umdrehen und die Oberseite backen.
5. Den Gemüsefladen halbieren, die Hälften auf zwei Tellern anrichten, mit Petersilie bestreut servieren.

Zubereitungszeit: ca. 1/2 Stunde
Pro Portion ca. 316 kcal/1322 kJ

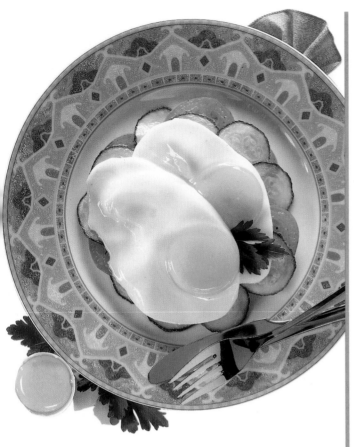

Tomaten-Pfanne mit Mozzarella

Eiweißgericht
Für 2 Portionen:

4 Eier (Gew.-Kl. 4)
weißer Pfeffer
Meersalz
Knoblauchpulver
2 - 3 Blättchen frisches
Basilikum
150 g Kirschtomaten
30 g Butter
100 g Mozzarella

1. Die Eier mit einem Schneebesen verquirlen und mit Pfeffer, Meersalz und Knoblauch würzen. Das Basilikum waschen, trockentupfen und fein hacken.
2. Die Tomaten waschen, putzen und halbieren. In einer kleinen beschichteten Pfanne die Butter erhitzen und die Tomaten mit der Schnittseite nach unten darin 2 Minuten andünsten.
3. Die Eimasse über die Tomaten gießen und stocken lassen. Auf die flüssige Oberfläche das Basilikum streuen.
4. Den Mozzarella abtropfen lassen, in dünne Scheiben schneiden und auf der Oberfläche verteilen. Den Deckel auf die Pfanne legen und bei milder Hitze die Eimasse fertigbacken, bis der Käse leicht schmilzt. Dann die Masse auf zwei Teller verteilen und servieren.

Zubereitungszeit: ca. 1/2 Stunde
Pro Portion ca. 422 kcal/1766 kJ

Spiegeleier auf Gemüse

Eiweißgericht
Für 2 Portionen:

250 g Tomaten
250 g zarte, kleine Zucchini
40 g Butter
weißer Pfeffer aus der Mühle
Meersalz
1 Tl Kräuter der Provence
4 Eier (Gew.-Kl. 4)
frische Petersilie zum Garnieren

1. Die Tomaten und die Zucchini waschen, abtrocknen und die Stengelansätze entfernen. Dann das Gemüse in Scheiben schneiden.
2. Die Hälfte der Butter in einer kleinen beschichteten Pfanne erhitzen, die Tomaten- und Zucchinischeiben kreisförmig darin ausbreiten und etwa 3 Minuten bei mäßiger Hitze anbraten. Dann mit Pfeffer, Meersalz und Kräutern der Provence bestreuen und vorsichtig wenden.
3. Die restliche Butter in einer zweiten beschichteten Pfanne erhitzen, die Eier nacheinander hineinschlagen und bei mäßiger Hitze stocken lassen, bis das Eiweiß fest ist.
4. Das Gemüse auf zwei Teller verteilen, darauf jeweils zwei Spiegeleier anrichten und mit Petersilie garnieren.

Zubereitungszeit: ca. 25 Minuten
Pro Portion ca. 365 kcal/1527 kJ

Tip
Für Nicht-Trennköstler können Sie zu sämtlichen Eiergerichten auf diesen Seiten Vollkornbrot oder Toast anbieten.

Feigen-Brot

Kohlenhydratgericht
Für 2 Portionen:

**2 Scheiben (à 50 g)
Roggenvollkornbrot
50 g Doppelrahmfrischkäse,
60% F. i. Tr.
2 frische Feigen
2 Tl flüssiger Honig (20 g)
2 El Pistazien**

1. Die Brotscheiben mit
Doppelrahmfrischkäse be-
streichen.
2. Die Feigen schälen und
längs in Viertel schneiden.
Die Brotscheiben damit
belegen und jeweils mit
1 Tl Honig beträufeln.
3. Die Pistazien hacken
und darüberstreuen.

Zubereitungszeit: ca. 10 Minuten
Pro Portion ca. 297 kcal/1243 kJ

Tip
*Sie sparen Kalorien, wenn
Sie statt Doppelrahm-
frischkäse Sahnequark
(40% F. i. Tr.) oder Magerquark (0,3% F. i. Tr.) verwenden. Außerdem kön-
nen Sie natürlich auch
Butter oder Margarine (am
besten Reform-Margarine)
verwenden, denn auch
Fette sind "neutral". Eine
Variante bietet sich für Gäste an: Nehmen Sie runde
Pumpernickelscheiben,
streichen Sie Butter darauf
und belegen Sie jede
Scheibe mit 3 dünnen Ba-
nanenscheiben, die klee-
blattartig angeordnet
werden. In die Mitte etwas
Doppelrahmfrischkäse
spritzen.*

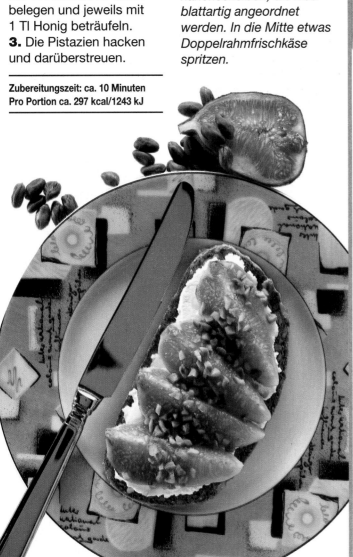

Garniertes Käsebrötchen

Kohlenhydratgericht
Für 2 Portionen:

**2 Vollkornbrötchen mit Son-
nenblumenkernen
(à ca. 50 g)
3 - 4 Tl Butter oder Reform-
Margarine
einige schöne, zarte Salatblätter
4 Scheiben (100 g) Rahm-
Butterkäse mit 60% F. i. Tr.
oder anderen Käse mit über
55% F. i. Tr. (z.B. Rahm-Camembert, Rahm-Gouda,
Rahm-Tilsiter, Blauschim-
melkäse)
Kümmelkörner
Paprikapulver edelsüß
2 Kirschtomaten
1 Schalotte**

1. Die Brötchen quer halbieren und jede Hälfte mit
Butter bestreichen.

2. Die Salatblätter waschen, gut abtropfen las-
sen bzw. trockenschleu-
dern, dann auf die vier
Brötchenhälften legen.
3. Die Käsescheiben dia-
gonal halbieren, so daß
8 Dreiecke entstehen. Auf
jede Brötchenhälfte zwei
Käse-Dreiecke legen.
Zwei Brötchenhälften mit
etwas Kümmel bestreuen,
die anderen mit Paprika-
pulver würzen.
4. Die Tomaten in Scheiben schneiden und auf die
Käse-Paprika-Brötchen
legen.
5. Die Schalotte abziehen,
in dünne Scheiben schnei-
den und diese auf den Kä-
se-Kümmel-Brötchen an-
richten.

Zubereitungszeit: ca. 20 Minuten
Pro Portion ca. 360 kcal/1506 kJ

Radieschen-Hörnchen

Kohlenhydratgericht
Für 2 Portionen:

1 Vollkorn-Hörnchen (ca. 80 g)
100 g körniger Frischkäse,
20% F. i. Tr.
150 g Radieschen
1/2 kleiner Bund
Schnittlauch
Pfeffer aus der Mühle
Meersalz

1. Das Hörnchen der Länge nach halbieren und den körnigen Frischkäse auf beide Hälften verteilen.
2. Von den Radieschen die Blätter und die langen Wurzelenden abschneiden. Die Radieschen waschen, trockentupfen und in dünne Scheiben schneiden. Diese schuppenartig auf den körnigen Frischkäse legen, dabei jede Scheibe leicht schräg in den Frischkäse stecken.
3. Den Schnittlauch waschen, trockentupfen, in Röllchen schneiden und auf die Brote streuen. Dann den Snack mit Pfeffer und Meersalz würzen.

Zubereitungszeit: ca. 10 Minuten
Pro Portion ca. 146 kcal/611 kJ

Tip
Statt körnigen Frischkäse können Sie auch Doppelrahmfrischkäse mit 60 oder 70% F. i. Tr. verwenden. Die Kalorienzahl erhöht sich entsprechend. Genauso gut schmeckt dieser Snack mit Rettich.

Tomatenbrot mit Kresse

Kohlenhydratgericht
Für 2 Portionen:

2 Scheiben Mehrkornbrot
(aus Vollkornmehl, à 50 g)
2 - 3 Tl Butter oder Reform-Margarine
1 Kästchen Kresse
1 kleine Zwiebel
2 - 3 Tomaten (ca. 200 g)
Pfeffer aus der Mühle
2 Prisen Meersalz

1. Die Brotscheiben mit Butter oder Margarine bestreichen.
2. Die Kresse mit der Küchenschere abschneiden und jeweils am Brotrand anordnen. Die Zwiebel abziehen und in feine Ringe schneiden oder würfeln.
3. Die Tomaten waschen, vom Stengelansatz befreien und in Scheiben schneiden. Diese schuppenartig auf die Brotscheiben legen, darauf die Zwiebelringe bzw. -würfel verteilen und alles mit Pfeffer und Salz würzen.

Zubereitungszeit: ca. 10 Minuten
Pro Portion ca. 185 kcal/774 kJ

Tip
Statt Kresse können Sie auch frische Feldsalatsträußchen oder einen anderen zarten Blattsalat auf das Brot legen. Besonders herzhaft schmeckt dieser Snack, wenn Sie statt Butter oder Margarine Frischkäse verwenden.

Buntes Schwedenknäcke "Royal"

Kohlenhydratgericht
Für 2 Portionen:

2 Scheibe in rundes Roggen-Vollkornknäcke (ca. 40 g)
75 g Doppelrahmfrischkäse, 60% F. i. Tr.
100 g Karotten
1 Stück Salatgurke (100 g)
1 kleine rote Paprikaschote (100 g geputzt)
weißer Pfeffer
Meersalz
1 El feingewiegte Petersilie
einige Dillfähnchen
1 Schalotte

1. Die Knäckebrotscheiben mit Doppelrahmfrischkäse bestreichen.
2. Die Karotten unter fließendem Wasser abbürsten, mit Küchenpapier etwas abtupfen, dann grob raspeln und auf einem Drittel der Knäckebrotscheiben verteilen.
3. Das Gurkenstück waschen, trockentupfen, ungeschält in dünne Scheiben schneiden und das zweite Drittel der Brotscheiben damit belegen.
4. Die Paprikaschote waschen, vierteln, die Kerne und die weißen Innenteile entfernen und das Fruchtfleisch fein würfeln. Dann auf das dritte Brotdrittel verteilen.

5. Den Schnittlauch auf die Karotten streuen, die Dillfähnchen auf den Gurkenscheiben verteilen, die Schalotte abziehen, in schmale Ringe schneiden und diese auf dem Paprikadrittel anordnen. Das Ganze mit Pfeffer und Meersalz leicht würzen und die Brote auf zwei Tellern anrichten.

Zubereitungszeit: ca. 25 Minuten
Pro Portion ca. 216 kcal/904 kJ

Tip
Mit diesem dekorativen Knäckebrot können Sie sogar kleine Salatmuffel begeistern.

Käse-Sandwich mit frischen Sprossen

Kohlenhydratgericht
Für 2 Portionen:

2 Baguette-Brötchen (aus Vollkornmehl, à ca. 80 g)
2 El Butter oder Reform-Margarine
einige schöne, zarte Kopf-oder Eisbergsalatblätter
2 Tomaten (150 g)
1 Stück Salatgurke (150 g)
4 bleistiftdicke Scheiben Robiola mit Schnittlauch
(ca. 150 g, italienischer Frischkäse in Form einer dreieckigen Stange, 70% F. i. Tr.)
2 El frische Sprossen (z.B. Kresse-, Alfalfa-, Linsen-oder Mungbohnensprossen)

1. Die Baguette-Brötchen der Länge nach halbieren und die unteren Hälften mit Butter oder Margarine bestreichen.
2. Die Salatblätter waschen, trockenschleudern und auf die gebutterten Brötchenhälften legen.
3. Die Tomaten und das Gurkenstück waschen, in Scheiben schneiden und abwechselnd schuppenartig auf den Salatblättern anordnen.
4. Je zwei Robiola- Dreiecke auf einer Brötchenhälfte anrichten und mit den Sprossen bestreuen. Die zweite Brötchenhälfte jeweils darauf legen.

Zubereitungszeit: ca. 20 Minuten
Pro Portion ca. 537 kcal/2247 kJ

Müsli-Joghurt mit Banane

Kohlenhydratgericht
Für 2 Portionen:

2 El Weizenkörner
2 Tl Rosinen
2 Tl gehackte Nüsse
1 Tl Weizenkleie
1 Banane (125 g geschält)
2 El Ahornsirup
300 g fettarmer Joghurt
50 g fettarmer Kefir
2 Haselnüsse oder
Walnußkernhälften zum
Garnieren

1. Die Weizenkörner zusammen mit den Rosinen in wenig Wasser über Nacht einweichen, am nächsten Tag abgießen und mit den Nüssen und der Kleie mischen.
2. Die Banane schälen, eine Hälfte in Scheiben schneiden, die andere mit einer Gabel zerdrücken. Bananenscheiben in zwei Müslischälchen anrichten.
3. Bananenmus und Ahornsirup unter den Joghurt rühren, Kefir und Müslimischung untermengen.

4. Die Joghurtmasse auf die beiden Schälchen verteilen und jede Portion mit einer Haselnuß oder Walnußkernhälfte garnieren.

Zubereitungszeit: ca. 1/4 Stunde
Zeit zum Einweichen: ca. 8 Stunden
Pro Portion ca. 262 kcal/1096 kJ

Tip
Statt der Nüsse können Sie auch Mandeln, Pistazien oder geschälte Sonnenblumenkerne unter den Joghurt mischen.

Bananen-Shake

Kohlenhydratgericht
Für 2 Portionen:

**2 kleine, vollreife Bananen
(200 g geschält)
300 g gut gekühlter gerührter
Magermilchjoghurt,
0,3% Fett
100 g gut gekühlter fettarmer
Kefir, 1,5 % Fett
3 - 4 Tl flüssiger Honig
75 g gut gekühlte
geschlagene Sahne
1 Tl gehackte Pistazien
2 kleine Zweige Zitronen-
melisse**

1. Die Bananen schälen,
grob zerdrücken, in einen
Elektromixer geben und
dann auf mittlerer Stufe
pürieren.
2. Auf schwächster Stufe
weitermixen, dabei nach
und nach den Mager-
milchjoghurt, den Kefir
und den Honig hinzuge-
ben. Dann das Ganze
kräftig durchmixen.
3. Zwei hohe Gläser be-
reitstellen. Die geschla-
gene Sahne in eine Tor-
tenspritze oder in einen
Spritzbeutel füllen und in
jedes Glas etwa ein Drittel
der Sahne spritzen. Darauf
etwas Bananen-Shake fül-
len und die Sahne leicht
damit verrühren. Die übrige Flüssigkeit auf die Gläser verteilen.
4. Auf jeden Drink ein
Sahnehäubchen spritzen,
mit gehackten Pistazien
und Zitronenmelisse gar-
nieren. Die Drinks mit
dicken Knick-Trinkhalmen
sofort servieren.

Zubereitungszeit: ca. 20 Minuten
Pro Portion ca. 342 kcal/1431 kJ

Joghurt-Cocktail nach griechischer Art

Neutrales Gericht
Für 2 Portionen:

300 g Salatgurke
1 Knoblauchzehe
1/2 kleine Zwiebel
1/2 Bund Dill
200 g Vollmilchjoghurt
175 g Sahnedickmilch,
10% Fett
weißer Pfeffer, Meersalz
2 grüne Oliven ohne Kerne

1. Die Salatgurke schälen und auf der groben Reibe raspeln.
2. Die Knoblauchzehe und die Zwiebelhälfte abziehen. Den Knoblauch durch die Presse drücken, die Zwiebelhälfte sehr fein würfeln, beides unter die Gurkenraspel mischen.
3. Den Dill waschen, trockentupfen und die dicken Stengel entfernen. Einige Dillfähnchen für die Garnitur beiseite legen, die anderen sowie die zarten Stiele fein wiegen und zu der Gurkenmischung geben.
4. Den Joghurt mit der Sahnedickmilch cremig rühren, mit Pfeffer und Meersalz würzen und unter die Gurkenmischung rühren. Die Masse für ca. 1 Stunde kühlstellen.
5. Die Gurken-Joghurt-Masse gut durchrühren, abschmecken und auf zwei Schälchen verteilen. Die Oliven in Scheiben schneiden, schuppenartig darauf legen und jede Portion mit Dill garnieren.

Zubereitungszeit: ca. 25 Minuten
Zeit zum Kühlen: ca. 1 Stunde
Pro Portion ca. 209 kcal/874 kJ

Kräuter-Kefir-Drink

Neutrales Gericht
Für 2 Portionen:

1 kleiner Bund Dill
1 kleiner Bund Schnittlauch
3 Zweige Kerbel
1 kleiner, junger Zweig
Liebstöckel
2 Blättchen Zitronenmelisse
1/2 kleine Zwiebel
350 g gut gekühlter fettarmer
Kefir
weißer Pfeffer, Meersalz

1. Die Kräuter waschen und trockentupfen. Vom Dill dicke Stengel entfernen, zarte Stiele und Fähnchen grob zerkleinern. Den Schnittlauch in Röllchen schneiden, übrige Kräuter grob zerpflücken, dann alle Kräuter in einen Elektromixer geben.
2. Die Zwiebelhälfte abziehen, einmal durchschneiden und in den Mixer geben. Auf schwächster Stufe die Kräuter und die Zwiebel zerkleinern, dann langsam etwas Kefir hinzugeben und auf mittlerer Stufe weitermixen.
3. Den restlichen Kefir nach und nach hinzugeben und das Ganze kurz und kräftig durchmixen. Den Drink mit Pfeffer und Meersalz abschmecken und in zwei hohe Gläser gießen. Mit farblich passenden dicken Trinkhalmen servieren.

Zubereitungszeit: ca. 10 Minuten
Pro Portion ca.99 kcal414 /kJ

Tip
Statt Kefir kann man auch Buttermilch oder Schwedenmilch (Sauermilch) verwenden.

Karotten-Paprika-Drink

Neutrales Gericht
Für 2 Portionen:

250 g saftige junge Karotten
1 gelbe, orange oder rote Pa-
prikaschote (125 g geputzt)
1/2 Bund Petersilie
1 Tl flüssiger Honig
250 g gut gekühlte Butter-
milch
weißer Pfeffer
Meersalz
2 Petersiliensträußchen
zum Garnieren

1. Die Karotten unter fließendem Wasser gründlich abbürsten, das Grün und die Wurzelenden abschneiden und das Gemüse in Scheiben schneiden.
2. Die Paprikaschote waschen, vierteln, den Stengelansatz, die Kerne so-

wie die weißen Innenteile entfernen und das Fruchtfleisch kleinschneiden.
3. Die Petersilie waschen, trockentupfen und zerkleinern, dann mit dem Gemüse in den Elektromixer geben und auf schwächster Stufe pürieren.
4. Unter ständigen Mixen den Honig und die Buttermilch hinzufügen und alles auf höchster Stufe gründlich durchmixen. Den Drink mit Pfeffer und Salz würzen, in zwei Gläser gießen und jedes Glas mit einem Petersiliensträußchen garnieren.

Zubereitungszeit: ca. 1/4 Stunde
Pro Portion ca. 117 kcal/490 kJ

Tip

Statt mit Petersilie können Sie den Drink mit Petersilienwurzel oder mit etwas Liebstöckel würzen.

Tomaten-Cocktail mit Sahnehäubchen

Neutrales Gericht
Für 2 Portionen:

500 g kleine, vollreife Toma-
ten
1 kleine Zwiebel
1 kleiner, junger Zweig
Liebstöckel
1 Stückchen Petersilien-
wurzel
200 g gerührter Mager-
milchjoghurt, 0,3% Fett
1 knapper Tl Honig
weißer Pfeffer, Meersalz
2 El (50 g) saure Sahne,
10% Fett
Schnittlauchröllchen zum
Garnieren

1. Die Tomaten heiß überbrühen, die Haut vorsichtig abziehen. Dann die Tomaten leicht auf eine Zitruspresse drücken, so

daß die Kerne heraustreten. Das Tomatenfruchtfleisch in den Elektromixer geben.
2. Die Zwiebel abziehen und vierteln, den Liebstöckelzweig und die Petersilienwurzel waschen und grob zerkleinern, dann zusammen mit der Zwiebel zu den Tomaten geben und auf schwächster Stufe pürieren.
3. Auf mittlerer Stufe den Joghurt und den Honig hinzufügen und alles kräftig durchmixen. Den Drink mit Pfeffer und Meersalz abschmecken und in zwei weite Gläser füllen, in die Mitte jeweils einen Klacks saure Sahne setzen und den Schnittlauch darauf verteilen.

Zubereitungszeit: ca. 20 Minuten
Pro Portion ca. 116 kcal/485 kJ

Rohkost mit Kräuter-Dip

Neutrales Gericht
Für 2 Portionen:

Für den Dip:
200 g saure Sahne, 10% Fett
100 g Magerquark
weißer Pfeffer
Meersalz
2 El feingewiegter Dill
2 El feingewiegter Kerbel
2 El feingewiegter
Schnittlauch

Für die Rohkost:
2 Stengel Staudensellerie mit
Grün (à ca. 60 g)
2 Karotten (150 g)
1 Stück Salatgurke (200 g)
2 große, frische Champig-
nons (50 g)

1. Für den Dip die saure Sahne mit dem Quark glattrühren und mit Pfeffer und Meersalz würzen. Die Kräuter untermischen

2. Für die Rohkost den Staudensellerie kurz abbrausen, dann die Stengel in 5 cm lange Stücke schneiden. Einige der grünen Blättchen als Garnitur auf dem Dip anrichten.

3. Die Karotten unter fließendem Wasser abbürsten, dann je nach Dicke der Länge nach halbieren oder vierteln, quer in 5 cm lange Stücke schneiden.

4. Das Gurkenstück waschen, längs halbieren, die Kerne mit einem Teelöffel herausschaben, dann die Stücke in fingerdicke Scheiben schneiden.

5. Die Champignons waschen, putzen und in Viertel schneiden. Das Gemüse sortenweise auf einer Platte anrichten, die Pilze daneben legen und das Ganze mit dem Kräuterdip servieren.

***

Zubereitungszeit: ca. 25 Minuten
Pro Portion ca. 213 kcal/891 k

Tip
Solch einen Dip können Sie auf einfache Weise immer wieder variieren. Würzen Sie ihn mit frischen Sprossen oder nehmen Sie Joghurt als Basis.

Gefüllte Tomaten

Neutrales Gericht
Für 2 Portionen:

**4 mittelgroße, vollreife
Tomaten (ca. 300 g)
1/2 kleiner Bund Schnittlauch
1 Stück Salatgurke (100 g)
4 Radieschen
200 g körniger Frischkäse,
20% F. i. Tr.
4 Blätter Petersilie zum Garnieren**

1. Die Tomaten waschen,
jeweils den Deckel flach
abschneiden und die
Früchte vorsichtig aus-
höhlen. Die Tomaten-
deckel fein würfeln.
2. Den Schnittlauch waschen, trockentupfen und
dann in feine Röllchen
schneiden.
3. Das Gurkenstück waschen und fein würfeln.
Von den Radieschen die
Blätter und die langen
Wurzelenden abschneiden
und die Radieschen zuerst
in Scheiben, dann diese in
Streifen schneiden. Toma-
tenwürfel, Schnittlauch,
Gurke und Radieschen
unter den Frischkäse he-
ben und die Tomaten da-
mit füllen. Die Petersilie
waschen, trockentupfen
und je ein Blättchen in die
Frischkäsefüllung stecken.

Zubereitungszeit: ca. 20 Minuten
Pro Portion ca. 143 kcal/598 kJ

Tip
*Sie können auch Gurken-
stücke füllen, z.B. mit ei-
ner Masse aus körnigem
Frischkäse, Zwiebel- und
Paprikawürfeln, gehackten
Oliven und Dill.*

Himbeerquark

Eiweißgericht
Für 2 Portionen:

200 g frische Himbeeren
2 El Apfeldicksaft oder Fruti-
lose (natürliche Fruchtsüße
aus dem Reformhaus)
2 El Vollmilchjoghurt
300 g Speisequark,
20% F. i. Tr.
4 schöne Himbeeren zum
Garnieren
Zitronenmelisse zum
Garnieren

1. Die Himbeeren verlesen, eventuell vorsichtig waschen und mit der Gabel gut zerdrücken.
2. Den Apfeldicksaft oder die Frutilose und den Joghurt unter den Quark mischen und das Ganze mit dem Schneebesen schön cremig rühren.

3. Das Himbeermus unter den Quark mischen und die Masse auf zwei Schälchen verteilen. Jede Portion mit 2 Himbeeren und einigen Blättchen Zitronenmelisse garnieren.

Zubereitungszeit: ca. 10 Minuten
Pro Portion ca. 242 kcal/1013 kJ

Tip
Statt Himbeeren können Sie auch andere Früchte aus der Eiweißgruppe nehmen, am besten richten Sie sich nach der Saison. Hübsch sieht es aus, wenn Sie den Früchtequark mit Pistazien, Mandelblättchen oder geschälten Sonnenblumenkernen bestreuen.

Gefüllte Honigmelone mit Bündner Fleisch

Eiweißgericht
Für 2 Portionen:

1/2 Honigmelone
(ca. 600 g Fruchtfleisch)
100 g Gorgonzola (italieni-
scher Edelpilzkäse mit
50% F. i. Tr.)
50 g Mascarpone
(italienischer Frischkäse
mit 80% F. i. Tr.)
1 El Magerquark
weißer Pfeffer
Meersalz
30 g Bündner Fleisch in
hauchdünnen Scheiben

1. Aus der Honigmelonenhälfte mit einem Löffel die Kerne herausschaben, die Frucht dann in 6 gleich dicke Spalten schneiden. Jeweils drei Spalten auf einem Teller windradartig anordnen.
2. Den Gorgonzola zusammen mit dem Mascarpone und dem Magerquark in eine Schüssel geben, das Ganze cremig rühren und die Masse mit Pfeffer und Meersalz abschmecken. Die Käsecreme in eine Tortenspritze mit gezackter Tülle füllen und gleich große Häufchen in die ausgehöhlte Mitte der Melonenspalten spritzen.
3. Die Scheiben Bündner Fleisch locker zusammenfalten oder aufrollen und zwischen den Melonenspalten anrichten.

Zubereitungszeit: ca. 1/4 Stunde
Pro Portion ca. 494 kcal/2067 kJ

Pikanter Grapefruit-Snack

Eiweißgericht
Für 2 Portionen:

1 schöne, große Grapefruit
80 g gebratenes Puten-
schnitzel (evtl. Rest von
einer Hauptmahlzeit)
1 große Scheibe frische
Ananas (ca. 100 g)
1 kleine Staude Chicorée
100 g Sahnedickmilch,
10% Fett
1 Spritzer Sojasauce
weißer Pfeffer
Curry, Meersalz

1. Die Grapefruit halbieren, mit einem scharfen Küchenmesser das Fruchtfleisch von den Trennhäuten lösen und es mit Hilfe einen Teelöffels herausheben. Die Trennwände herausziehen. Die Fruchtfilets nochmals durchschneiden, dann in eine Schüssel geben. Die Schalenhälften an der run-den Seite abflachen, damit sie Stand haben.
2. Das Putenschnitzel in Streifen und die Ananasscheibe in Stücke schneiden. Beides unter die Grapefruitstücke mischen.
3. Vom Chicorée welke und braune Stellen entfernen, die Staude längs halbieren, den bitteren Kern keilförmig herausschneiden, die Staudenhälften quer in bleistiftdicke Streifen schneiden, waschen, gut trockenschleudern und sie unter die Früchtemischung heben.
4. Die Sahnedickmilch mit den Würzzutaten verrühren, abschmecken und unter den Salat mischen. Den Salat in die Grapefruitschalen füllen und sie auf zwei Tellerchen setzen.

Zubereitungszeit: ca. 25 Minuten
Pro Portion ca. 174 kcal/728 kJ

Gefüllte Birnen

Eiweißgericht
Für 2 Portionen:

100 g Doppelrahmfrischkäse,
60% F. i. Tr.
75 g gut gereifter Rahm-
Camembert, 60% F. i. Tr.,
entrindet
ein Hauch weißer Pfeffer
15 g gehackte Walnußkerne
2 schöne, vollreife Birnen
(250 g)

1. Den Doppelrahmfrischkäse in eine Schüssel geben. Den Käse mit einer Gabel zerdrücken und hinzufügen. Die Käsesorten gründlich miteinander verrühren, bis eine einheitliche Creme entstanden ist. Dann mit Pfeffer würzen.
2. Die Walnüsse knacken, zwei schöne Walnußkernhälften für die Garnitur beiseite legen, die anderen sehr fein hacken oder reiben und unter die Käsecreme mischen.
3. Die Birnen waschen, abtrocknen und halbieren. Mit einem Kugelausstecher oder einem Teelöffel das Kernhaus herauslösen.
4. Die Käsemasse in eine Tortenspritze mit gezackter Tülle füllen und dicke Rosetten in die Mulden spritzen. Jede Birnenhälfte mit einem Viertel Walnußkern garnieren.

Zubereitungszeit: ca. 20 Minuten
Pro Portion ca. 409 kcal/1711 kJ

Tip

Nehmen Sie dem Rahm-Camembert 1 Stunde vor der Verarbeitung aus dem Kühlschrank, dann läßt er sich leichter zerdrücken.

Herzhafte Käsespieße

Eiweißgericht
Für 2 Portionen:

**150 g Emmentaler,
45% F. i. Tr.
1/2 runder Camembert
(62,5 g), 30% F. i. Tr.
2 Scheiben Rindersaft-
schinken (à 35 g)
4 Kirschtomaten
1 Stück Salatgurke (100 g)
4 Oliven, gefüllt mit Paprikamark**

1. Den Emmentaler in Würfel von ca. 1 1/2 cm Kantenlänge schneiden. Dann den Camembert in 4 gleich große Torten-stücke schneiden.
2. Den Rindersaftschin-ken in 2 cm breite Streifen schneiden.
3. Die Kirschtomaten je nach Größe ganz lassen oder halbieren. Das Gur-kenstück in 1 1/2 cm dicke Würfel schneiden.
4. Die vorbereiteten Zuta-ten abwechselnd auf vier

Schaschlikspieße stecken, dabei den Schinken zieh-harmonikaartig zusam-menfalten.
5. Die Spieße zusammen mit den Oliven servieren.

Zubereitungszeit: ca. 10 Minuten
Pro Portion ca. 431 kcal/1803 kJ

Tip
Natürlich kann man auch anderen Käse der Eiweiß-gruppe (alle gereiften Kä-sesorten mit weniger als 55% F. i. Tr.) verwenden. Auch die fetteren Käse-sorten sind geeignet, denn sie gelten als "neutral" und können deshalb mit Produkten der Eiweiß-gruppe wie gekochtem Schinken, gegartem Fleisch und Fisch kombi-niert werden.

Eier mit Dillsauce

Eiweißgericht
Für 2 Portionen:

3 Eier (Gew.-Kl. 4)
200 g Vollmilchjoghurt
3 El (75 g) dicke saure Sahne
(Schmand) mit 24% Fett
1/2 Bund Dill
2 Tropfen Sojasauce
weißer Pfeffer
Meersalz
50 g Eissalatblätter zum
Anrichten

1. Die Eier hartkochen.
2. Inzwischen den Joghurt mit der sauren Sahne schön cremig rühren.
3. Den Dill waschen und trockentupfen. Die dicken Stengel entfernen und die zarten Stiele mit den Fähnchen fein wiegen. Den Dill unterheben und die Sauce mit Sojasauce, Pfeffer und Meersalz abschmecken.
4. Die Eier kalt abschrekken, pellen und vierteln. Die Salatblätter waschen, trockenschleudern und auf zwei Teller verteilen.
5. Darauf jeweils 6 Eiviertel anrichten und die Sauce darüber verteilen.

Zubereitungszeit: ca. 1/4 Stunde
Pro Portion ca. 287 kcal/1201 kJ

Tip

Nicht-Trennköstler können dazu Toastbrot essen. Das klassische Saucenrezept wird mit Mayonnaise oder Remoulade zubereitet. Wegen des ohnehin schon beträchtlichen Cholesteringehalts der Eier verzichten wir auf diese Sauce, die durch ihren Gehalt an Eigelb weiteres Cholesterin in dieses Gericht einbringen würde.

Frittata

Eiweißgericht
Für 2 Portionen:

3 Eier (Gew.-Kl. 4)
100 g dicke saure Sahne
(Schmand) mit 24% Fett
weißer Pfeffer
Meersalz
1 kleiner Bund
Schnittlauch
30 g Butterschmalz

1. Die Eier und die saure Sahne in eine Schüssel geben und mit dem Schneebesen gründlich verquirlen. Die Masse mit Pfeffer und Meersalz würzen.
2. Den Schnittlauch waschen, trockentupfen und in feine Röllchen schneiden. Diese unter die Eiermasse rühren.
3. Eine beschichtete Pfanne erhitzen, das Butterschmalz hineingeben und heiß werden lassen. Dann die Eiermasse in die Pfanne gießen und bei mäßiger Hitze eine Frittata (italienischer Eierfladen) backen. Die Masse stocken lassen, bis die Oberfläche nicht mehr flüssig ist, dann den Fladen vorsichtig wenden und die Unterseite nur noch kurz anbacken.
4. Den Fladen vierteln und je zwei Viertel auf einem Teller anrichten.

Zubereitungszeit: ca. 10 Minuten
Pro Portion ca. 386 kcal/1615 kJ

Tip
Statt Schnittlauch können Sie auch andere Kräuter verwenden. Zum Verfeinern eignen sich auch Zwiebeln und Knoblauch. Servieren Sie dazu Kirschtomaten oder einen "neutralen" Salat.

Schinken-röllchen

Eiweißgericht
Für 2 Portionen:

**200 g frischer Spargel,
möglichst Stangen von
gleicher Länge
Meersalz
1 El Butter zum Kochen
2 große Scheiben gekochter
Rindersaftschinken (ca. 100 g)
50 g Doppelrahmfrischkäse
mit Kräutern, 60% F. i. Tr.
frische Petersilie zum
Garnieren**

1. Den Spargel waschen,
putzen und schälen. Dann
in reichlich Wasser zu-
sammen mit Meersalz und
Butter bißfest garen. Die
Stangen mit einer
Schaumkelle herausneh-
men (den Sud für eine
Suppe aufheben!) und ab-
schrecken. Gut abtropfen
und abkühlen lassen.
2. Die Schinkenscheiben
nebeneinander auf eine
Platte legen, in der Mitte
durchschneiden und jede
Hälfte mit Doppelrahm-
frischkäse bestreichen.
3. Die Spargelstücke nebeneinander in die Mitte
der Schinkenscheiben le-
gen und den Schinken
aufrollen. Die vier Röllchen
mit der Nahtstelle nach
unten auf einer Platte anrichten und mit Petersilie
garnieren.

Zubereitungszeit: ca. 1/2 Stunde
Zeit zum Abkühlen: ca. 1/4 Stunde
Pro Portion ca. 202 kcal/845 kJ

Kartoffelsalat mit Gurke

Kohlenhydratgericht
Für 2 Portionen:

400 g kleine Salatkartoffeln
1 kleine Zwiebel
1 Stück Salatgurke (150 g)
1 kleiner mürber Apfel (100 g)
3 El feingewiegter Dill
2 El Schnittlauchröllchen
50 ml heiße Gemüsebrühe
(aus Instantpulver)
125 g Sahnedickmilch, 10%
Fett
1 El Molkosan (vergorenes
Molkenkonzentrat)
weißer Pfeffer, Meersalz
2 Gurkenscheiben und etwas
Dill zum Garnieren

1. Die Kartoffeln waschen, knapp mit Wasser bedeckt 20 - 25 Minuten garen.
2. Inzwischen die Zwiebel abziehen und fein würfeln. Das Gurkenstück und den Apfel waschen, abtrock-nen und ebenfalls fein würfeln. Mit den Zwiebel-würfeln und den Kräutern in eine Schüssel geben.
3. Die gegarten Kartoffeln abgießen, abschrecken und pellen. Sie erkalten lassen, dann in dünne Scheiben schneiden, in die Schüssel geben und mit den anderen Zutaten mischen. Die Brühe darü-bergeben.
4. Die Sahnedickmilch mit Molkosan glattrühren, das Ganze mit Pfeffer und Salz würzen und unter die Sa-latmischung heben. Den Salat 1/4 Stunde durch-ziehen lassen, dann even-tuell etwas nachwürzen und mit Gurkenscheiben und Dill servieren.

Zubereitungszeit: ca. 40 Minuten
Zeit zum Durchziehen:
ca. 1/4 Stunde
Zeit zum Abkühlen: ca. 10 Minuten
Pro Portion ca. 267 kcal/1117 kJ

Kartoffelsalat mit Kresse

Kohlenhydratgericht
Für 2 Portionen:

400 g kleine Salatkartoffeln
1 rote Paprikaschote
1 kleine Zwiebel
1 Kästchen Kresse
80 ml heiße Gemüsebrühe
(aus Instantpulver)
1/2 Knoblauchzehe
2 Tl Molkosan (vergorenes
Molkenkonzentrat)
weißer Pfeffer, Meersalz
2 El kaltgepreßtes Pflanzenöl

1. Die Kartoffeln waschen, knapp mit Wasser bedeckt 20 - 25 Minuten garen.
2. Die Paprikaschote wa-schen, vierteln, die Kerne und die weißen Innenteile entfernen und das Frucht-fleisch fein würfeln. Die Zwiebel abziehen und ebenfalls fein würfeln.
3. Die Kresse abschnei-den, etwas für die Garnitur beiseite legen, den Rest zusammen mit den Papri-ka- und Zwiebelwürfeln in eine Schüssel geben.
4. Die gegarten Kartoffeln abgießen, abschrecken, pellen, etwas abgekühlt in dünne Scheiben schnei-den und unter die Papri-ka-Mischung heben.
5. Die Brühe zubereiten, die Knoblauchzehe abzie-hen, in die Brühe pressen und das Ganze unter die Salatzutaten mischen. Et-wa 10 Minuten durchzie-hen lassen.
6. Molkosan, Pfeffer und Meersalz daruntermi-schen, zuletzt das Öl un-termengen. Den Salat mit einem Kressesträußchen garnieren.

Zubereitungszeit: ca. 40 Minuten
Zeit zum Durchziehen:
ca. 10 Minuten
Zeit zum Abkühlen: ca. 10 Minuten
Pro Portion ca. 262 kcal/1096 kJ

Kartoffel-Mais-Salat mit Rapunzel

Kohlenhydratgericht
Für 2 Portionen:

**300 g kleine Salatkartoffeln
1 kleine Zwiebel
75 ml Gemüsebrühe (aus
Instantpulver)
75 g Tk-Maiskörner
2 Tl Molkosan (vergorenes
Molkenkonzentrat)
weißer Pfeffer, Meersalz
50 g Feldsalat (Rapunzel)
2 El feingewiegter Kerbel
2 El kaltgepreßtes Pflanzenöl**

1. Die Kartoffeln knapp
mit Wasser bedeckt
20 - 25 Minuten garen.
2. Inzwischen die Zwiebel
abziehen und fein würfeln.
Die Gemüsebrühe nach
Packungsanweisung zu-
bereiten, aufkochen las-
sen, die Maiskörner hin-
eingeben und 5 Minuten
zugedeckt bei schwacher
Hitze garen. Dann ab-
kühlen lassen.
3. Molkosan, Pfeffer und
Meersalz zu dem Mais ge-
ben. Die Kartoffeln ab-
gießen, abschrecken und
pellen. Etwas abkühlen
lassen, dann würfeln und
in eine Schüssel geben.
4. Die Mais-Mischung unter die Kartoffelwürfel mischen und 10 Minuten
durchziehen lassen.
5. Den Feldsalat wa-
schen, putzen und die
Wurzelenden abschnei-
den. Den Kerbel und das
Öl unter den Salat mengen
und ihn abschmecken.
6. Den Kartoffelsalat auf
zwei Tellern anrichten und
den Feldsalat kreisförmig
darum legen.

**Zubereitungszeit: ca. 3/4 Stunde
Zeit zum Abkühlen und Durch-
ziehen: jeweils ca. 10 Minuten
Pro Portion ca. 256 kcal/1071 kJ**

Kartoffelsalat mit geräucher-tem Heilbutt

Kohlenhydratgericht
Für 2 Portionen:

**325 g kleine Salatkartoffeln
1 kleiner mürber Apfel (100 g)
1 kleine Zwiebel
1/2 Bund Dill
125 g geräucherter Heilbutt
80 g saure Sahne, 10% Fett
1 Tl Molkosan (vergorenes
Molkenkonzentrat) oder
Brottrunk (gibt's beim
Bäcker und im Reformhaus)
3 El fettarme Sauermilch
oder Buttermilch
weißer Pfeffer, Meersalz**

1. Die Kartoffeln waschen,
knapp mit Wasser bedeckt
20 - 25 Minuten garen.
2. Inzwischen den Apfel
waschen und würfeln, die
Zwiebel abziehen und
ebenfalls würfeln. Den Dill
waschen, trockentupfen
und die dicken Stengel
abschneiden. Die zarten
Stiele und Blättchen fein
wiegen, dann mit den Ap-
fel- und Zwiebelwürfeln in
eine Schüssel geben.
3. Vom Heilbutt mit einem
spitzen Messer die Haut
entfernen, das Fleisch in
mundgerechte Stücke
pflücken, dabei Gräten
entfernen, die Fischstücke
in die Schüssel geben.
4. Die gegarten Kartoffeln
abgießen, abschrecken,
pellen und abgekühlt in
feine Scheiben schneiden.
Dann zu den Zutaten in
der Schüssel geben und
alles locker mischen.
5. Die übrigen Zutaten
miteinander verrühren, die
Sauce abschmecken und
darunterziehen.

**Zubereitungszeit: ca. 35 Minuten
Zeit zum Abkühlen: ca. 10 Minuten
Pro Portion ca. 274 kcal/1146 kJ**

Reissalat mit Ricotta

Kohlenhydratgericht
Für 2 Portionen:

1 Tl Butter
100 g Naturreis (Rohgewicht)
Meersalz zum Kochen
50 g Tk-Maiskörner
1 rote Paprikaschote
1 kleiner Zucchino (100 g)
1 kleine rote Zwiebel
1/2 Knoblauchzehe
1 Zweig frischer Thymian
1 El gewiegte Petersilie
150 g Sahnedickmilch,
10%Fett
1 Tl Molkosan (vergorenes
Molkenkonzentrat)
Paprikapulver edelsüß
weißer Pfeffer, Meersalz
100 g Ricotta salata,
42% F. i. Tr. (gesalzener
italienischer Frischkäse)
2 Oliven, mit Paprikamark
gefüllt

1. Die Butter in einem Topf erhitzen, den Reis unter Rühren darin glasig werden lassen, dann 280 ml Wasser und etwas Meersalz hinzugeben und das Ganze aufkochen. Auf schwächster Stufe zugedeckt garen, dabei gelegentlich umrühren. Nach 13 Minuten den Tk-Mais hinzugeben und das Ganze noch weitere 7 Minuten garen.
2. Inzwischen Paprika und Zucchino waschen, putzen und fein würfeln. Die Zwiebel und die Knoblauchzehe abziehen, die Zwiebel fein würfeln und den Knoblauch durchdrücken. Den Thymian waschen und trockentupfen. Die Blättchen von den Stielen streifen. Das Gemüse und die Kräuter in einer Schüssel mischen.
3. Die Reis-Mais-Mischung auf ein Sieb schütten, abschrecken und abtropfen lassen, dann in die Schüssel geben und mit den anderen Zutaten mischen.
4. Unter die Sahnedickmilch das Molkosan und die Gewürze rühren, die Sauce unter den Reissalat heben und 1/4 Stunde durchziehen lassen.
5. Die Ricotta würfeln und vorsichtig unter den Salat heben. Die Oliven in Scheiben schneiden und darauf anordnen.

Zubereitungszeit: ca. 3/4 Stunde
Zeit zum Durchziehen:
ca. 1/4 Stunde
Pro Portion ca. 446 kcal/1866 kJ

Tip
Man kann den Salat auch mit gewürfelten, gehäuteten Tomaten und gewürfelter Salatgurke zubereiten. Er wird dann etwas saftiger.

Exotischer Reissalat

Kohlenhydratgericht
Für 2 Portionen:

1 Tl Butter
100 g Naturreis (Rohgewicht)
Meersalz zum Kochen
3 Safranfäden zum Färben
1 kleine Frühlingszwiebel
1 Banane (100 g geschält)
1 Tl Rosinen
50 g Bambusschößlinge
aus dem Glas
75 g frische Champignons
100 g Sahnedickmilch,
10% Fett
weißer Pfeffer
1 Msp. Currypulver
1/2 Tl flüssiger Honig
Meersalz

1. Die Butter in einem Topf erhitzen und den Reis unter Rühren darin glasig werden lassen. 280 ml Wasser, etwas Meersalz und den Safran hinzugeben und das Ganze aufkochen. Auf schwächster Stufe zugedeckt 20 Minuten garen, dabei gelegentlich umrühren.

2. Inzwischen die Frühlingszwiebel waschen, putzen, das Grün in Ringe schneiden und die Zwiebel fein würfeln. Die Banane schälen und dünne Scheiben schneiden, die Rosinen in warmem Wasser einweichen. Die Bambusschößlinge abtropfen lassen und fein würfeln, die Champignons waschen, putzen und blättrig schneiden.

3. Zu dem gegarten Reis etwas kaltes Wasser gießen, gut durchrühren, dann auf ein Sieb schüt-

ten, die Rosinen dazugeben und alles gut abtropfen lassen.

4. Etwas Grün von der Frühlingszwiebel zum Garnieren beiseite legen, den Rest und die anderen zerkleinerten Zutaten in einer Schüssel locker mischen und den Reis mit den Rosinen unterheben. Die Sahnedickmilch mit Pfeffer, Curry, Honig und Meersalz würzen und unter den Salat mischen. Den Salat 1/4 Stunde durchziehen lassen, mit Frühlingszwiebelringen garnieren.

Zubereitungszeit: ca. 35 Minuten
Zeit zum Durchziehen: ca. 1/4 Stunde
Pro Portion ca. 324 kcal/1356 kJ

Tip

Nach Möglichkeit sollten Sie Safranfäden und kein Safranpulver verwenden. Das Aroma des Safran verfliegt nämlich sehr schnell.

Nudelsalat mit Gemüse

Kohlenhydratgericht
Für 2 Portionen:

125 g Vollkornnudeln (Spiralen oder Hörnchen)
150 g Tk-Erbsen und Möhren
50 g Tk-Maiskörner
Meersalz zum Kochen
1/2 Bund Petersilie
50 g selbstgemachte Mayonnaise
50 g Vollmilchjoghurt
2 El fettarmer Kefir
weißer Pfeffer, Meersalz
einige Tropfen Frutilose
(natürliche Fruchtsüße aus dem Reformhaus) zum Abschmecken

1. Die Nudeln und das Tk-Gemüse getrennt in kochendes Salzwasser geben. Die Nudeln nach Packungsanweisung bißfest garen, das Gemüse ca. 5 Minuten kochen.
2. Zuerst das Gemüse auf ein Sieb schütten und abschrecken, dann die Nudeln. Beides abtropfen und abkühlen lassen und in einer Schüssel mischen.
3. Die Petersilie waschen, trockentupfen und fein wiegen. Mayonnaise, Joghurt und Kefir miteinander verrühren, die Petersilie untermischen und die Sauce mit Pfeffer, Meersalz und etwas Frutilose abschmecken. Die Sauce unter den Salat heben und das Ganze 10 Minuten durchziehen lassen.

Zubereitungszeit: ca. 1/2 Stunde
Zeit zum Durchziehen:
ca. 10 Minuten
Pro Portion ca. 500 kcal/2092 kJ

Nudelsalat mit Kräutersauce

Kohlenhydratgericht
Für 2 Portionen:

125 g Korkenziehernudeln
Meersalz zum Kochen
1 Frühlingszwiebel mit Grün
30 g Bündner Fleisch in dünnen Scheiben
1/2 kleine Knoblauchzehe
3 El feingewiegter Kerbel
1 El feingewiegter Dill
1 El Schnittlauchröllchen
100 g Sahnedickmilch, 10% Fett
3 El fettarmer Kefir oder Buttermilch
1 Tl Molkosan (vergorenes Molkenkonzentrat)
weißer Pfeffer, Meersalz

1. Die Nudeln in gut 1 Liter kochendes Wasser mit Meersalz geben und nach Packungsanweisung bißfest garen.
2. Inzwischen die Frühlingszwiebel waschen, putzen, das Grünzeug in Ringe schneiden und die Zwiebel fein würfeln. Das Bündner Fleisch in feine Streifen schneiden und mit der Frühlingszwiebel in eine Schüssel geben.
3. Die Nudeln auf ein Sieb schütten, abschrecken und gut abgetropft unter die Zutaten in der Schüssel heben.
4. Die Knoblauchhälfte abziehen und mit dem Messer zerdrücken, Kräuter und Knoblauch unter die Sahnedickmilch mischen und das Ganze mit Kefir bzw. Buttermilch, Molkosan, Pfeffer und Salz glattrühren. Die Sauce abschmecken und unter die Nudelmischung heben. Den Salat 10 Minuten durchziehen lassen.

Zubereitungszeit: ca. 1/2 Stunde
Zeit zum Durchziehen:
ca. 10 Minuten
Pro Portion ca. 340 kcal /1423 kJ

Nudelsalat "Rusticale"

Kohlenhydratgericht
Für 2 Portionen:

**125 g italienische Nudeln
(z.B. Farfalle)
Meersalz zum Kochen
1 kleine Zwiebel
150 g Salatgurke
1 Stengel Staudensellerie mit
Grün (ca. 60 g)
1 rote Paprikaschote
30 g Rindfleischsalami in
hauchdünnen Scheiben
50 g selbstgemachte Mayonnaise
50 g Vollmilchjoghurt
1 Tl Molkosan (vergorenes
Molkenkonzentrat)
etwas getrockneter Estragon
weißer Pfeffer, Meersalz**

1. Die Nudeln in gut 1 Liter Wasser mit Meersalz
nach Packungsanweisung
bißfest garen.
2. Inzwischen die Zwiebel
abziehen und das andere
Gemüse waschen. Die

Zwiebel und das Gurken-
stück fein würfeln, den
Staudensellerie in dünne
Scheibchen schneiden,
das Grün fein wiegen. Die
Paprikaschote vierteln, die
Kerne und die weißen In-
nenteile entfernen und das
Fruchtfleisch fein würfeln.
Das Gemüse in einer
Schüssel locker mischen.
3. Die Nudeln auf ein Sieb
schütten, abschrecken
und gut abtropfen lassen.
Dann unter das Gemüse
heben. Die Salami-
scheiben in feine Streifen
schneiden, untermischen.
4. Aus Mayonnaise, Joghurt, Molkosan, Estra-
gon, Pfeffer und Meersalz
ein Dressing rühren, ab-
schmecken und unterhe-
ben. Den Salat 1/4 Stunde
durchziehen lassen.

Zubereitungszeit: ca. 1/2 Stunde
Zeit zum Durchziehen: 10 Minuten
Pro Portion ca. 498 kcal/2084 kJ

Nudelsalat mit Käse

Kohlenhydratgericht
Für 2 Portionen:

**125 g Vollkornnudeln
(Hörnchen)
Meersalz
1 gelbe Paprikaschote
1 kleiner zarter Zucchino
150 g Kirschtomaten
2 Zweige frisches Basilikum
100 g Rahm-Butterkäse,
60% F. i. Tr.
150 g Vollmilchjoghurt
weißer Pfeffer
Paprikapulver edelsüß
1 Tl kaltgepreßtes Olivenöl**

1. Die Nudeln in 1 l Salzwasser nach Packungsan-
weisung bißfest garen.
2. Inzwischen das Gemüse und das Basilikum wa-
schen und trockentupfen.
Die Paprikaschote vier-
teln, Kerne und weiße In-

nenteile entfernen und das
Fruchtfleisch in Würfel von
ca. 1/2 cm Kantenlänge
schneiden. Den Zucchino
waschen und fein würfeln.
Die Tomaten vierteln, das
Basilikum fein wiegen.
Diese Zutaten in einer
Schüssel mischen.
3. Den Rahm-Butterkäse
in Würfelchen von ca. 1/2
cm Kantenlänge schnei-
den und hinzugeben. Den
Joghurt mit Pfeffer, Paprika, Meersalz und Olivenöl
verrühren und die Sauce
unter den Nudelsalat he-
ben. Das Ganze ca. 10
Minuten durchziehen
lassen.

Zubereitungszeit: ca. 1/2 Stunde
Zeit zum Durchziehen:
ca. 10 Minuten
Pro Portion ca. 510 kcal/2134 kJ

Gemischter Lollo rossa

Neutrales Gericht
Für 2 Portionen:

Für den Salat:
1 kleiner Kopf Lollo rossa
(krauser Salat mit rötlich
geränderten Blättern)
1 kleine rote Zwiebel
100 g Kirschtomaten
1 Stück Salatgurke (100 g)
1/2 gelbe Paprikaschote
(75 g geputzt)

Für das Dressing:
100 g gerührter Mager-
milchjoghurt, 0,3% Fett
weißer Pfeffer
Meersalz
2 große grüne Oliven
1/2 kleine Knoblauchzehe
1/2 Bund Schnittlauch

1. Den Salatkopf in einzelne Blätter zerpflücken und sie in kaltem Wasser rasch waschen. Auf einem Sieb gut abtropfen lassen oder trockenschleudern. Dann die Blätter entlang der Rippen durchschneiden und in mundgerechte Stücke pflücken.
2. Die Zwiebel abziehen, das übrige Gemüse waschen. Die Zwiebel, die Tomaten und das Gurkenstück in dünne Scheiben schneiden. Aus der Paprikahälfte die Kerne und die weißen Innenteile entfernen und das Fruchtfleisch in feine Streifen schneiden. Die Salatblätter auf zwei Tellern anrichten und das Gemüse in einer Schüssel locker mischen.

3. Für das Dressing den Joghurt mit Molkosan verrühren und mit Pfeffer und Meersalz abschmecken. Die Oliven fein hacken, die Knoblauchhälfte abziehen und durchpressen, den Schnittlauch waschen und in Röllchen schneiden. Oliven, Knoblauch und Schnittlauch unter das Dressing mischen.
4. Das Dressing unter die Salatzutaten in der Schüssel heben. Das Ganze in der Mitte der Teller anrichten.

Zubereitungszeit: ca. 25 Minuten
Pro Portion ca. 80 kcal/335 kJ

Tip
Der Salat schmeckt auch mit Frisée, Batavia, Pflücksalat oder rotem Kopfsalat. Statt mit einem Joghurtdressing kann man ihn mit einem Buttermilch- oder Dickmilchdressing anmachen.

Römischer Salat mit Austernpilzen und Sprossen

Neutrales Gericht
Für 2 Portionen:

1/2 Kopf Römischer Salat
200 g Austernpilze
1/2 geschälte Zwiebel
20 g Butter
weißer Pfeffer, Meersalz
1/2 Bund Petersilie
5 El Linsensprossen (45 g)
100 g gerührter Mager-
milchjoghurt, 0,3% Fett

1. Den Römischen Salat in einzelne Blätter pflükken, diese waschen, trockenschleudern und in mundgerechte Stücke zerteilen. Die Austernpilze vierteln, die Zwiebelhälfte fein würfeln.
2. Die Butter in einer beschichteten Pfanne erhitzen und die Zwiebelwürfel darin glasig dünsten, dann die Austernpilze hinzugeben und rundherum anbraten. Mit Pfeffer und Meersalz würzen.
3. Die Petersilie waschen, trockentupfen, fein wiegen und unter die Austernpilze mischen. Den Salat auf zwei Teller verteilen, jeweils die Hälfte der Pilzmischung darauf verteilen und die Linsensprossen darübergeben.
4. Den Joghurt mit Pfeffer und Meersalz abschmekken und über die Salatportionen verteilen.

Zubereitungszeit: ca. 25 Minuten
Pro Portion ca. 155 kcal/649 kJ

Radieschensalat mit Kresse und Keimlingen

Neutrales Gericht
Für 2 Portionen:

Für den Salat:
1 großer Bund schöne, feste
Radieschen (ohne Blätter
ca. 300 g)
Meersalz
weißer Pfeffer
1 Kästchen Kresse
5-6 El Mungbohnensprossen
(ca. 80 g, gezogen aus 1 El
bzw. 25 getrockneten Mung-
bohnen)

Für das Dressing:
100 g Dickmilch, 3,5% Fett
weißer Pfeffer
Meersalz

1. Von den Radieschen die Blätter abschneiden und die Wurzelenden entfernen. Die Radieschen waschen und in feine Scheibchen hobeln. Sofort mit Meersalz und Pfeffer würzen und gut mischen.
2. Die Kresse mit der Küchenschere abschneiden, ein Kressesträußchen zur Garnitur beiseite legen, den Rest zusammen mit den Mungbohnenkeimlingen unter die Radieschenscheiben mischen. Die Rohkost auf zwei Tellern anrichten.
3. Für das Dressing die Dickmilch mit Pfeffer und Meersalz würzen und über die Salatportionen verteilen. Jede Portion mit der zurückbehaltenen Kresse garnieren.

Zubereitungszeit: ca. 1/4 Stunde
Pro Portion ca. 70 kcal/293 kJ

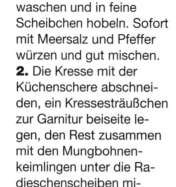

Chicoréesalat mit Käse und Walnußkernen

Neutrales Gericht
Für 2 Portionen:

2 Stauden Chicorée
100 g Vollmilchjoghurt
50 g Sahnedickmilch,
10% Fett
weißer Pfeffer, Meersalz
1 Msp. milder Curry
100 g Schnittkäse mit 60%
F. i. Tr. in Scheiben (z.B. die
fettreichen Sorten von But-
terkäse, Esrom, Tilsiter)
30 g Walnußkerne

1. Von den Chicoréestauden jeweils die Spitze ca. 4 cm lang abschneiden. Die Spitzenblätter zum Anrichten beiseite legen. Die Stauden halbieren, den bitteren Kern keilförmig herausschneiden und die Staudenhälften in bleistiftdicke Streifen schneiden. Sie waschen, dann auf einem Sieb gut abtropfen lassen.
2. Den Joghurt mit der Sahnedickmilch verrühren und das Dressing mit Pfeffer, Meersalz und Curry abschmecken. Die Chicoréestreifen in eine Schüssel geben und das Dressing unterheben.
3. Die Käsescheiben übereinanderlegen und in ca. 2 cm breite Streifen schneiden. Diese dann von der schmalen Seite her in Stifte schneiden. Die Käsestifte unter den Salat mischen.
4. Die Walnußkerne grob hacken und unter den Salat mischen. Den Salat in die Mitte von zwei Tellern geben. Die Chicoréespitzen auf dem Rand strahlenförmig anordnen.

Zubereitungszeit: ca. 25 Minuten
Pro Portion ca. 360 kcal/1506 kJ

Karotten-Sellerie-Rohkost mit Mandeln

Neutrales Gericht
Für 2 Portionen:

350 g Karotten
200 g Knollensellerie (geputzt gewogen)
1/2 Bund krause Petersilie
100 g Sahnedickmilch, 10% Fett
1 Tl flüssiger Honig
weißer Pfeffer, Meersalz
30 g Mandelblättchen

1. Die Karotten waschen und abbürsten. Den Sellerie schälen, das Gemüse grob raffeln und mischen.
2. Die Petersilie waschen, trockentupfen, 2 Zweige für die Garnitur beiseite legen, die anderen fein wiegen und unter die Gemüseraspel mischen.
3. Die Sahnedickmilch mit dem Honig verrühren, die

Sauce mit Pfeffer und Meersalz würzen. Den Salat auf zwei Teller verteilen, die Sauce darübergeben.
4. In einer beschichteten Pfanne die Mandelblättchen trocken anrösten, dann die Mandeln über die Salatportionen streuen. Mit Petersilienzweigen garnieren.

Zubereitungszeit: ca. 25 Minuten
Pro Portion ca. 242 kcal/1013 kJ

Tip

Statt Knollensellerie können Sie auch Staudensellerie verwenden. Die Stengel werden in Scheibchen geschnitten und das Grün fein gewiegt. Es kann auch statt der Petersilie zum Garnieren verwendet werden.

Rapunzel mit Champignons

Neutrales Gericht
Für 2 Portionen:

150 g Feldsalat (Rapunzel)
150 g frische Champignons
30 g Pinienkerne
1/2 kleine Zwiebel
1/2 kleine Knoblauchzehe
1/2 Bund glatte Petersilie
100 g gerührter Magermilchjoghurt, 0,3% Fett
1 Tl Molkosan (vergorenes Molkenkonzentrat)
weißer Pfeffer
Meersalz
2 Kirschtomaten zum Garnieren

1. Den Feldsalat waschen, abtropfen lassen, von den Sträußchen die Wurzelspitze knapp abschneiden, so daß die Sträußchen nicht auseinanderfallen, welke und beschädigte Blätter entfer-

nen. Den Salat auf zwei Tellern anrichten.
2. Die Champignons waschen, putzen und blättrig schneiden. Zwischen die Feldsalatsträußchen verteilen. Die Pinienkerne grob hacken und darüber streuen.
3. Die Zwiebel- und Knoblauchhälfte abziehen, grob zerkleinern. Die Petersilie waschen, trockentupfen und ebenfalls grob zerkleinern. Diese Zutaten in einen Elektromixer geben, pürieren und dabei den Joghurt und das Molkosan untermixen. Das Dressing mit Pfeffer und Meersalz abschmecken und über die Salatportionen verteilen. Die Kirschtomaten halbieren, den Salat damit garnieren.

Zubereitungszeit: ca. 1/2 Stunde
Pro Portion ca. 149 kcal/623 kJ

Türkischer Gurkensalat

Neutrales Gericht
Für 2 Portionen:

500 g Salatgurke
175 g Sahnedickmilch,
10% Fett
100 g Vollmilchjoghurt
weißer Pfeffer
1 große Knoblauchzehe
1 kleiner Bund Dill
einige Blättchen Zitronenmelisse
Meersalz

1. Die Gurke gut waschen, der Länge nach halbieren und in Würfel von 1 cm Kantenlänge schneiden.
2. Die Sahnedickmilch mit Joghurt und Pfeffer verrühren, die Knoblauchzehe abziehen und hineindrücken.
3. Die Kräuter waschen, trockentupfen, vom Dill die dicken Stengel entfernen, ein paar Dillfähnchen für die Garnitur beiseite legen und den restlichen Dill sowie die Zitronenmelisse fein wiegen. Dann unter das Dressing

mischen, es mit Meersalz abschmecken.
4. Das Dressing über die Gurkenwürfel geben, locker unterheben und den Salat etwa 1/2 Stunde zugedeckt im Kühlschrank durchziehen lassen. Ihn mit Dillfähnchen garniert servieren.

Zubereitungszeit: ca. 20 Minuten
Zeit zum Durchziehen:
ca. 1/2 Stunde
Pro Portion ca. 180 kcal/753 kJ

Tip
Der Salat enthält reichlich Sauce. Servieren Sie dazu frisches Fladenbrot, das in die Salatsauce getunkt wird. Der Salat gilt dann als Kohlenhydratgericht.

Bunter Paprika-
salat mit Oliven

Neutrales Gericht
Für 2 Portionen:

1 rote Paprikaschote (150 g)
1 gelbe Paprikaschote (150 g)
1 grüne Paprikaschote (150 g)
1 kleine Zwiebel
100 g eingelegte grüne Oliven ohne Kerne
1 kleine Knoblauchzehe
100 g Sahnejoghurt oder
Sahnedickmilch, 10% Fett
Meersalz
schwarzer Pfeffer
1 Tl frische Thymianblättchen
1 Msp. getrockneter Oregano

1. Die Paprikaschoten
waschen. Die rote und
gelbe Paprika vierteln, die
Kerne und weißen Innen-
teile entfernen und das
Fruchtfleisch würfeln. Von
der grünen Paprika am
Stengelansatz einen
Deckel abschneiden, die
Frucht aushöhlen und die
Schote in sehr dünne Rin-
ge schneiden. Diese in der
Mitte von zwei Tellern anrichten.
2. Die Zwiebel abziehen.
Zwiebel und Oliven in
dünne Scheiben schnei-
den, mit den Paprikawür-
feln mischen und zwi-
schen den Paprikaringen
verteilen.
3. Die Knoblauchzehe abziehen und in den Sahne-
joghurt pressen. Meersalz
und Pfeffer untermischen.
Den Thymian zusammen
mit dem Oregano unter
die Sauce mischen, sie
10 Minuten durchziehen
lassen, dann über die Sa-
latportionen verteilen.

Zubereitungszeit: ca. 20 Minuten
Zeit zum Durchziehen:
ca. 10 Minuten
Pro Portion ca. 209 kcal/874 kJ

Selleriesalat mit gekochtem Schinken

Eiweißgericht
Für 2 Portionen:

**350 g Knollensellerie (ge-
putzt gewogen)**
2 El Zitronensaft
**2 feste, saftige Äpfel
(ca. 250 g)**
2 Mandarinen
**2 Scheiben (70 g) gekochter
Rindersaftschinken**
100 g fettarmer Kefir
weißer Pfeffer
Meersalz
**1 Spritzer Worcester- oder
Sojasauce**
1/2 Tl flüssiger Honig
75 g geschlagene Sahne
**2 Walnußkernhälften zum
Garnieren**

1. Den Sellerie schälen,
waschen, zunächst in
dünne Scheiben schnei-
den, diese dann in sehr
feine Stifte schneiden und
mit dem Zitronensaft in einer Schüssel mischen.
2. Die Äpfel waschen, das
Kernhaus entfernen, das
Fruchtfleisch in Stifte
schneiden und unter den
Sellerie mischen.
3. Die Mandarine schälen,
die weiße Haut sorgfältig
entfernen und die Früchte
in Spalten teilen. Einige
Spalten zum Garnieren
beiseite legen, die ande-
ren zur Sellerie-Mischung
geben.
4. Den gekochten Schinken in feine Streifen von
ca. 2 cm Länge schneiden
und ebenfalls unter die
Sellerie-Apfel-Mischung
heben.

5. Den Kefir mit Pfeffer,
Meersalz, Würzsauce und
Honig verquirlen, die Sahne daruntermischen und
die Sauce unter den Salat
heben.
6. Den Salat auf zwei Teller verteilen und jede Portion mit Mandarinenspal-
ten und einer Walnuß-
kernhälfte garnieren.

Zubereitungszeit: ca. 1/2 Stunde
Pro Person ca. 333 kcal/1393 kJ

Tip
*Sie können den Salat auch
mit Staudensellerie zube-
reiten.*

Schinkensalat

Eiweißgericht
Für 2 Portionen:

150 g Rindersaftschinken in Scheiben
1 kleine Zwiebel
1/2 Tl eingelegte grüne Pfefferkörner
150 g frische Champignons
150 g Salatgurke
1/2 Bund frische Petersilie
100 g Sahnedickmilch, 10% Fett
1 El Zitronensaft
2 El fettarmer Kefir
weißer Pfeffer
Meersalz
1 Prise gemahlener Koriander
einige schöne Salatblätter

1. Die Schinkenscheiben übereinander legen, halbieren und die Hälften in bleistiftdicke Streifen schneiden. Die Zwiebel abziehen und fein würfeln. Schinken, Zwiebel und Pfefferkörner in einer Schüssel mischen.
2. Die Champignons waschen, putzen und blättrig schneiden. Das Gurkenstück waschen und in feine Stifte schneiden. Die Petersilie waschen, trockentupfen und fein wiegen. Das Ganze unter die Schinkenmischung heben.
3. Sahnedickmilch, Zitronensaft und Kefir miteinander verrühren und die Sauce mit Pfeffer, Meersalz und etwas Koriander abschmecken.
4. Die Salatblätter waschen, trockenschleudern und zwei Teller damit auslegen. Den Schinkensalat darauf verteilen und das Dressing darübergeben.

Zubereitungszeit: ca. 1/2 Stunde
Pro Portion ca. 206 kcal/862 kJ

Geflügelsalat

Eiweißgericht
Für 2 Portionen:

125 g gebratenes Hähnchen-
oder Putenschnitzel
2 El Zitronensaft
2 El Sojasauce
1/2 Tl flüssiger Honig
weißer Pfeffer aus der Mühle
Meersalz
2 Stengel Staudensellerie mit
Grün (125 g)
200 g gekochter Spargel
100 g Sahnedickmilch,
10% Fett

1. Das Hähnchen- oder
Putenschnitzel quer zur
Faser in feine Streifen
schneiden und in eine
Schüssel geben. Den Zi-
tronensaft mit der Soja-
sauce und dem Honig ver-
rühren und Pfeffer sowie
Meersalz dazugeben. Die
Sauce über das Fleisch
geben und es ca. 1 Stun-
de zugedeckt im Kühl-
schrank durchziehen

lassen. Zwischendurch
wenden.
2. Den Staudensellerie
waschen, abtrocknen und
die Stangen in feine
Scheibchen schneiden.
Von den grünen Blättchen
einige für die Garnitur beiseite legen, die anderen
kleinschneiden. Den Spar-
gel in 3 cm lange Stücke
schneiden.
3. Das Fleisch auf ein
Sieb geben und die Ma-
rinade auffangen. 2 El davon unter die Sahnedick-
milch rühren und die Sau-
ce abschmecken.
4. Das Fleisch und das
Gemüse in einer Schüssel
locker mischen, die Sauce
unterheben und den Salat
auf zwei Tellern anrichten.
Mit Staudensellerieblätt-
chen garnieren.

Zubereitungszeit: ca. 25 Minuten
Zeit zum Marinieren: ca. 1 Stunde
Pro Person ca. 165 kcal/690 kJ

Roastbeefsalat mit Prinzeß-bohnen

Eiweißgericht
Für 2 Portionen:

200 g junge grüne Tk-
Bohnen (Prinzeßbohnen)
Meersalz zum Kochen
3 kleine Tomaten
125 g gebratenes Roastbeef
in dünnen Scheiben
1 kleine Zwiebel
schwarzer Pfeffer aus der
Mühle
1 kleine Knoblauchzehe
3 El trockener Sherry
1 El Sojasauce
2 El kaltgepreßtes
Pflanzenöl

1. Die Tk-Bohnen nach
Packungsanweisung in
Salzwasser garen, dann
abgießen, abschrecken
und abkühlen lassen. Die
Tomaten oben einritzen,
überbrühen und die Haut
abziehen. Die Früchte

auf der Zitruspresse leicht
ausdrücken, so daß die
Kerne heraustreten, das
Fruchtfleisch in Streifen
schneiden.
2. Das Roastbeef in fingerbreite Streifen von ca.
5 cm Länge schneiden.
Die Zwiebel abziehen, in
dünne Ringe schneiden
und unter das Fleisch mi-
schen. Pfeffer darüber
mahlen, die Knoblauchze-
he abziehen, durchpres-
sen und untermischen.
Den Sherry und die Soja-
sauce darüber verteilen
und das Ganze unter gele-
gentlichem Wenden 1/4
Stunde durchziehen lassen.
3. Die Bohnen und die
Tomatenstreifen auf zwei
Tellern anrichten. Das Öl
unter die Roastbeef-Mi-
schung heben und diese
auf dem Gemüse anrichten.

Zubereitungszeit: ca. 35 Minuten
Zeit zum Marinieren: ca. 1/4 Stunde
Pro Portion ca. 263 kcal/1100 kJ

Salatteller mit Krabben und Räucherforelle

Eiweißgericht
Für 2 Portionen:

80 g Tk-Krabben (Shrimps)
Saft von 1/2 Zitrone
1 geräuchertes Forellenfilet
1/2 kleiner Kopfsalat
1 kleine Avocado
1/2 kleine Honigmelone
2 Tomaten
1 gelbe Paprikaschote
4 grüne Oliven, entsteint
100 g gerührter Mager-
milchjoghurt, 0,3% Fett
1 El selbstgem. Mayonnaise
2 El Weinbrand
1 Tl Tomatenmark
Paprikapulver edelsüß
weißer Pfeffer
Meersalz

1. Die Tk-Krabben mit 2 El Zitronensaft beträufeln. Vom Forellenfilet die Haut abziehen, das Fleisch in Stücke pflücken.

2. Den Salat waschen, putzen und trockenschleudern. Zwei große Teller mit den Salatblättern auslegen. Die Avocado halbieren, schälen, das Fruchtfleisch in dünne Spalten schneiden und auf den Salatblättern fächerartig anordnen.
3. Aus der Melonenhälfte Kugeln ausstechen und auf die Teller verteilen. Tomaten und Paprika waschen, Tomaten achteln, Paprika aushöhlen und in Ringe schneiden. Oliven in Scheiben schneiden. Alles auf den Tellern anrichten.
4. Aus den übrigen Zutaten und dem restlichen Zitronensaft ein Dressing rühren. Die Krabben abtropfen lassen und mit dem Räucherfisch auf dem Salat anrichten. Das Dressing darüber verteilen.

Zubereitungszeit: ca. 35 Minuten
Zeit zum Auftauen: ca. 1/2 Stunde
Pro Portion ca. 510 kcal/2134 kJ

Spargelsalat mit Ei

Eiweißgericht
Für 2 Portionen:

350 g gekochter Spargel
150 g frische Champignons
1 Frühlingszwiebel
4 El trockener Weißwein
weißer Pfeffer
Meersalz
1 kleiner Bund
Schnittlauch
2 El kaltgepreßtes Pflanzenöl
2 hartgekochte Eier
(Gew.-Kl. 4)
2 Kästchen Kresse

1. Den Spargel in 3 cm lange Stücke schneiden. Die Champignons waschen, putzen und blättrig schneiden. Die Frühlingszwiebel waschen, putzen, das Grün abschneiden und den weißen Teil in

Scheiben schneiden. Diese Zutaten in einer Schüssel mischen, dann Wein, Pfeffer und Meersalz dazugeben und alles locker wenden.
2. Den Schnittlauch waschen, trockentupfen und fein wiegen, unter den Salat mischen, dann das Öl unterheben.
3. Die Eier pellen und vierteln. Die Kresse abschneiden und zwei Salatteller damit auslegen. Die Salatmischung darauf anrichten und mit den Eivierteln garnieren.

Zubereitungszeit: ca. 25 Minuten
Pro Portion ca. 241 kcal/1008 kJ

Balkansalat mit Schafskäse

Eiweißgericht
Für 2 Portionen:

1 rote Paprikaschote
1 grüne Paprikaschote
1 gelbe Paprikaschote
1 Stück Salatgurke (150 g)
1 Zwiebel
30 g grüne Oliven, entsteint
20 g schwarze Oliven, ent-
steint
125 g griechischer Schafs-
käse, 45% F. i. Tr. (Feta)
schwarzer Pfeffer aus der
Mühle
1 große Knoblauchzehe
1/2 Bund glatte Petersilie
Meersalz
Saft von 1/2 Zitrone
2 - 3 El kaltgepreßtes
Olivenöl

1. Die Paprikaschoten und das Gurkenstück waschen und abtrocken. Die Paprika oben am Stielansatz flach abschneiden, die Schoten aushöhlen und in Ringe schneiden. Das Gurkenstück längs halbieren, dann in Scheiben hobeln. Die Zwiebel abziehen und in Ringe schneiden. Diese Zutaten in einer Schüssel locker mischen, dann auf zwei Tellern hübsch anrichten.
2. Die Oliven darüber verteilen. Den Schafskäse in Würfel schneiden oder grob zerbröckeln und darübergeben. Schwarzen Pfeffer darüber mahlen.
3. Die Knoblauchzehe abziehen und fein würfeln. Die Petersilie waschen, trockentupfen und fein

wiegen, beides über den Salat streuen und das Ganze mit Meersalz würzen. Den Zitronensaft darüberträufeln und zuletzt das Öl über den Salat verteilen.

Zubereitungszeit: ca. 25 Minuten
Pro Portion ca. 381 kcal/1594 kJ

Tip
Dazu passen gegrillte Fleischspieße hervorragend.

Fruchtcocktail mit Käse

Eiweißgericht
Für 2 Portionen:

200 g Weintrauben
1 Scheibe frische Ananas
1 Orange, 1 Karambole
150 g Honigmelone
150 g Leerdammer oder
Maasdammer, 45% F. i. Tr.
75 g Roquefort, 52% F. i. Tr.
50 g Himbeeren
100 g gerührter Mager-
milchjoghurt, 0,3% Fett
2 El Orangensaft
1/2 Tl flüssiger Honig
weißer Pfeffer
1 Prise gemahlener Ingwer

1. Die Weintrauben waschen, halbieren und die Kerne entfernen. Von der Ananasscheibe die Schale abschneiden, das Fruchtfleisch in kleine Stücke schneiden. Die Orange schälen, in Filets teilen und diese halbieren. Die Karambole waschen, abtrocknen und in dünne Scheiben schneiden. Aus dem Melonenstück mit einem Kugelausstecher Kugeln herauslösen. Die Früchte mischen.
2. Den Leerdammer in bleistiftdicke Stifte schneiden, den Roquefort würfeln. Beides unter die Früchte mischen und den Salat auf zwei Teller verteilen. Die Himbeeren darauf anordnen.
3. Den Joghurt mit dem Orangensaft und dem Honig verrühren und die Sauce mit Pfeffer und Ingwer abschmecken. Über die Salatportionen verteilen.

Zubereitungszeit: ca. 35 Minuten
Pro Portion ca. 622 kcal/2602 kJ

Kartoffelsuppe mit Lauch

Kohlenhydratgericht
Für 2 Portionen:

300 g mehligkochende Kartoffeln
1 Stück Lauch (50 g)
400 ml Gemüsebrühe (aus Instantpulver)
1 Tl getrockneter Majoran
2 El frischer, feingewiegter Kerbel
50 g süße Sahne
geriebene Muskatnuß
weißer Pfeffer, Meersalz
Kräuter zum Garnieren

1. Die Kartoffeln waschen, schälen und würfeln. Den Lauch gründlich waschen, putzen und in feine Ringe schneiden.
2. Die Brühe aufkochen, die Kartoffelwürfel und den Lauch dazugeben und bei schwacher Hitze 15 Minuten köcheln lassen, den Majoran dazugeben und alles weitere 5 Minuten bei geringer Hitze garen.
3. Das Gemüse in der Brühe mit einem Pürierstab zermusen, die Sahne einrühren und das Ganze aufkochen lassen.
4. Den Kerbel hinzugeben, dann die Suppe mit Muskat, Pfeffer und Salz abschmecken und mit Kräuterblättchen garniert servieren.

Zubereitungszeit: ca. 40 Minuten
Pro Portion ca. 202 kcal/845 kJ

Tip

Wenn die Kartoffeln nicht mehlig sind, wird die Suppe nicht so schön sämig. In diesem Fall können Sie mit etwas Stärke die Konsistenz verbessern: Rühren Sie 1 Tl Kartoffelstärke mit der Sahne glatt und geben Sie dies in die kochende Suppe.

Karottensuppe mit Reis

Kohlenhydratgericht
Für 2 Portionen:

300 g Karotten
400 ml Gemüsebrühe
30 g Naturreis (Rohgewicht)
Meersalz zum Kochen
3 El süße Sahne
weißer Pfeffer
1 Msp. Currypulver
2 El Sahnedickmilch
2 El feingewiegte Petersilie

1. Die Karotten waschen, putzen, abbürsten und in ca. 1 cm dicke Scheiben schneiden. Die Brühe aufkochen, die Karotten hineingeben und zugedeckt in ca. 1/4 Stunde weich kochen.
2. Inzwischen den Reis in ca. 120 ml Wasser mit etwas Meersalz aufsetzen und in 20 Minuten körnig kochen.
3. Die Karotten mit dem Passierstab in der Brühe pürieren, die Sahne unterrühren und die Suppe mit Pfeffer und Curry würzen. Den Reis abgießen und untermischen.
4. Die Suppe einmal aufkochen lassen, dann in zwei Suppentassen füllen und jede Portion mit einem El Sahnedickmilch und gewiegter Petersilie garnieren.

Zubereitungszeit: ca. 35 Minuten
Pro Portion ca. 183 kcal/766 kJ

Tip

Statt Reis kann man auch gegarte Weizenkörner oder Perlgraupen zur Suppe geben. Besonders fein schmeckt die Suppe, wenn Sie 2 - 3 El geschlagene Sahne unterziehen. In diesem Fall lassen Sie die Sahnedickmilch weg.

Spinatsuppe mit Grünkern

Kohlenhydratgericht
Für 2 Portionen:

75 g Grünkern
350 ml Gemüsebrühe (aus Instantpulver)
1/2 Packung (150 g) Tk-Spinat
1 kleine Knoblauchzehe
2 El Sahne
1/2 Tl Speisestärke
weißer Pfeffer
Meersalz
1 Scheibe Vollkorntoastbrot
2 El Crème fraîche
geriebene Muskatnuß

1. Die Grünkernkörner über Nacht in ca. 200 ml Wasser einweichen. Am nächsten Tag das Wasser in ein Gefäß abgießen, auf 400 ml auffüllen und für die Brühe verwenden. Die Körner in der Brühe 10 Minuten leise köcheln lassen. Den Tk-Spinat in der Brühe unter Umrühren auftauen lassen.

2. Die Knoblauchzehe abziehen und durch die Presse in die Suppe drücken. Die Suppe aufkochen lassen, dann die Sahne mit der Stärke glattrühren, die Masse in die kochende Suppe rühren und das Ganze einige Male aufwallen lassen.
3. Den Topf vom Herd nehmen und die Suppe mit Pfeffer und Meersalz abschmecken. Das Toastbrot rösten und in Würfelchen (Croûtons) schneiden. Die Suppe auf zwei Tassen oder Teller verteilen, in die Mitte jeweils 1 El Crème fraîche setzen, mit Muskatnuß bestäuben, ringsherum die Toastbrotwürfel verteilen.

Zubereitungszeit: ca. 40 Minuten
Zeit zum Einweichen: ca. 8 Stunden
Pro Portion ca. 277 kcal/1159 kJ

Kartoffel-Zucchini-Suppe

Kohlenhydratgericht
Für 2 Portionen:

250 g mehligkochende Kartoffeln
400 ml Gemüsebrühe (aus Instantpulver)
1 kleiner Zucchino (150 g)
1 kleine Frühlingszwiebel
1/2 Bund Dill
1 El Butter
75 g süße Sahne
weißer Pfeffer
Meersalz

1. Die Kartoffeln waschen, schälen und würfeln. Die Brühe aufkochen, die Kartoffelstücke hineingeben und etwa 20 Minuten köcheln lassen.
2. Den Zucchino waschen, abtrocknen und in schmale Stifte schneiden. Die Frühlingszwiebel waschen, putzen, das Grün in Ringe und die Zwiebel in Würfel schneiden. Den Dill waschen, trockentupfen, einige zarte Stiele für die Garnitur beiseite legen, die restlichen fein wiegen.
3. Die Butter in einer beschichteten Pfanne erhitzen, das Gemüse darin unter Rühren rundherum andünsten, dabei darf es nicht bräunen. Mit Sahne ablöschen, durchrühren und vom Herd nehmen. Den Dill untermischen.
4. Die Kartoffeln in der Brühe pürieren, die Zucchini-Sahne-Mischung unterrühren und die Suppe aufkochen. Mit Pfeffer und Meersalz pikant abschmecken und mit Dillzweigen garniert servieren.

Zubereitungszeit: ca. 1/2 Stunde
Pro Portion ca.269 kcal/1125 kJ

Überbackene Zwiebelsuppe

Kohlenhydratgericht
Für 2 Portionen:

250 g Zwiebeln
20 g Butter
2 cl trockener Sherry oder
Weinbrand
400 ml Gemüsebrühe (aus
Instantpulver)
2 El süße Sahne
weißer Pfeffer
Meersalz
2 Scheiben Vollkorn-
Toastbrot
2 Scheiben (à 30 g) Butterkä-
se, 60% F. i. Tr.

1. Die Zwiebeln abziehen und in feine Ringe schneiden. In einem weiten Topf die Butter erhitzen und die Zwiebelringe darin unter gelegentlichem Wenden 20 Minuten bei milder Hitze dünsten. Dann den Sherry oder Weinbrand unterrühren und die Brühe angießen.
2. Die Suppe aufkochen, die Sahne einrühren, die Suppe mit Pfeffer und Meersalz pikant abschmecken. Die Toastbrotscheiben rösten.
3. Die Suppe in zwei Suppentassen füllen, jeweils eine Brotscheibe darauf-

legen und mit jeweils 1 Käsescheibe bedecken. Die Suppe unter dem Grill überbacken, bis der Käse schmilzt und die Oberfläche leicht Farbe angenommen hat.

Zubereitungszeit: ca. 50 Minuten
Pro Portion ca. 359 kcal/1502 kJ

Tip
Sie können entsprechend des Durchmessers Ihrer Suppentassen auch runde Scheiben aus dem quadratischen Toastbrot ausstechen. Das gelingt am besten mit einem Trinkglas.

Frühlingssuppe mit Gemüse

Kohlenhydratgericht
Für 2 Portionen:

100 g Karotten
1 Stück Lauch (50 g)
1 Stück Knollensellerie (50 g)
75 g Blumenkohlröschen
1 Frühlingszwiebel mit Grün
500 ml Gemüsebrühe (aus
Instantpulver)
Meersalz zum Kochen
50 g Suppennudeln (Faden-,
Sternchen-, Buchstaben-
oder Muschelnudeln)
weißer Pfeffer
Meersalz
2 El Schnittlauchröllchen

1. Das Gemüse waschen
und putzen, die Karotten,
den Lauch und den Knol-
lensellerie in feine Streifen
schneiden, den Blumen-
kohl in sehr kleine Rös-
chen teilen. Das Grün der
Frühlingszwiebel in Ringe
schneiden, die Zwiebel
fein würfeln.
2. Die Gemüsebrühe aufkochen, das Gemüse hin-
eingeben, ca. 10 Minuten
bei milder Hitze garen.
3. Inzwischen in einem
zweiten Topf ca. 500 ml
Wasser mit Meersalz zum
Kochen bringen, die Nu-
deln hineingeben und
nach Packungsvorschrift
in 5 - 7 Minuten bißfest
garen.
4. Die Nudeln abgießen,
abschrecken und zur
Gemüsesuppe geben. Die
Suppe mit Pfeffer und
Meersalz abschmecken
und mit Schnittlauchröll-
chen bestreut servieren.

Zubereitungszeit: ca. 25 Minuten
Pro Portion ca. 135 kcal/565 kJ

Gurkencreme- suppe mit Dill

Neutrales Gericht
Für 2 Portionen:

25 g Butter
1 kleine Zwiebel
1 kleine Knoblauchzehe
75 g süße Sahne
400 ml kalte Gemüsebrühe
(aus Instantpulver)
1 - 2 Ml Biobin (kohlenhy-
dratfreies Bindemittel aus
Johannisbrotkernmehl)
300 g Salatgurke
1/2 Bund Dill
weißer Pfeffer
Meersalz
2 El Sahnedickmilch,
10% Fett

1. Die Butter in einem
Topf erhitzen. Die Zwiebel
und die Knoblauchzehe
abziehen, fein würfeln und
in der Butter andünsten,
die Sahne dazugeben und
alles miteinander ver-
rühren.

2. Nach und nach die kalte Gemüsebrühe und das
Biobin zügig mit dem
Schneebesen einrühren,
dann aufkochen lassen
und glattrühren.
3. Die Gurke schälen, fein
würfeln und dazugeben.
Den Dill waschen, trockentupfen, fein wiegen und
hinzufügen. Die Suppe
einmal aufwallen lassen,
dann mit Pfeffer und
Meersalz abschmecken.
Mit einem Häubchen Sah-
nedickmilch servieren.

Zubereitungszeit: 25 Minuten
Pro Portion ca. 274 kcal/1146 kJ

Tip

*Servieren Sie die Suppe
mit Brot, dann haben Sie
ein Kohlenhydratgericht.
Wenn Sie Tk-Shrimps, ge-
gartes Fischfilet oder ge-
kochtes Ei (gewürfelt) hinzugeben, ergibt die Suppe
ein Eiweißgericht. Bei Zu-
gabe von Räucherfisch
bleibt sie neutral.*

Kohlrabisuppe

Neutrales Gericht
Für 2 Portionen:

300 g zarte Kohlrabi
(geputzt) mit Grün
1 - 2 El Butter
weißer Pfeffer aus der Mühle
Meersalz
1 Ml Biobin (kohlenhydrat-
freies Bindemittel aus Jo-
hannisbrotkernmehl)
50 g süße Sahne
350 ml Gemüsebrühe (aus
Instantpulver)
1 kleine Karotte
2 El Schnittlauchröllchen

1. Von den Kohlrabi die
Stiele mit den Blättern abschneiden, die inneren
Blätter waschen und kleinschneiden, dann die Kohl-
rabi-Knollen schälen und
in Würfel mit 1 cm Kan-
tenlänge schneiden.
2. Die Butter in einem
Topf erhitzen und die
Kohlrabiwürfel sowie das

zerkleinerte Grün unter
Rühren darin gut andün-
sten, aber nicht bräunen.
Mit Pfeffer und Meersalz
würzen.
3. Den Topf vom Herd
nehmen, Biobin unter die
Sahne rühren und das
Ganze unter das Gemüse
mischen. Die Gemüse-
brühe hinzufügen und die
Suppe zum Kochen brin-
gen. Bei schwacher Hitze
10 Minuten zugedeckt
köcheln lassen.
4. Die Karotte abbürsten
und grob raspeln. Die
Suppe abschmecken und
in zwei vorgewärmte Sup-
pentassen füllen. Mit Ka-
rottenstreifen und Schnittlauchröllchen garnieren.

Zubereitungszeit: ca. 1/2 Stunde
Pro Portion ca. 185 kcal/774 kJ

Kräutercreme- suppe mit Sprossen

Neutrales Gericht
Für 2 Portionen:

1 kleine Zwiebel
1 kleine Knoblauchzehe
1 El Butter
50 g frische Kräuter (Kerbel, Dill, Schnittlauch, Petersilie, Estragon)
30 g Mungbohnensprossen
50 g süße Sahne
2 Ml Biobin (kohlenhydrat- freies Bindemittel aus Johan- nisbrotkernmehl)
400 ml Gemüsebrühe (aus Instantpulver)
weißer Pfeffer, Meersalz
2 kleine Zweige Basilikum zum Garnieren

1. Die Zwiebel und die Knoblauchzehe abziehen und fein würfeln. Die But- ter in einem Topf erhitzen und die Würfelchen darin glasig dünsten.
2. Die Kräuter waschen, trockentupfen, fein wie- gen, zusammen mit den Sprossen zu der Zwiebel- mischung geben und un- ter Rühren kurz mit- dünsten.
3. Die Sahne mit dem Biobin verrühren, in den Topf gießen und die Brühe hinzugießen. Die Suppe aufkochen, mit Pfeffer und Meersalz abschmecken. Die Suppe in zwei vorge- wärmte Teller füllen und mit Basilikum garnieren.

Zubereitungszeit: ca. 1/4 Stunde
Pro Portion ca. 143 kcal/598 kJ

Klare Lauch- suppe mit Karotten

Neutrales Gericht
Für 2 Portionen:

250 g zarter Lauch
100 g Karotten
1 El Butter
weißer Pfeffer
geriebene Muskatnuß
Meersalz
400 ml Gemüsebrühe (aus Instantpulver)
1/2 Bund fein gehackte Petersilie

1. Den Lauch gründlich waschen und putzen, die Stangen längs halbieren, restliche Erde und Sand unter fließendem Wasser herausspülen und das Gemüse mit Küchenkrepp trockentupfen. Die halben Stangen quer in 3 mm schmale Streifen schnei- den. Die Karotten wa- schen, abbürsten und in dünne Stifte schneiden.
2. Die Butter in einem Topf erhitzen, das Gemü- se darin unter Rühren gut andünsten, mit Pfeffer und Meersalz leicht würzen, dann die Gemüsebrühe dazugießen und das Ganze zugedeckt bei schwacher Hitze 10 Minu- ten köcheln lassen.
3. Die Petersilie zur Sup- pe geben, kurz ziehen las- sen, dann die Suppe ab- schmecken.

Zubereitungszeit: ca. 20 Minuten
Pro Portion ca. 92 kcal/385 kJ

Tip
Besonders hübsch sieht es aus, wenn Sie die Ka- rotte nicht in Stifte schnei- den, sondern zunächst in dünne Scheibchen und daraus mit kleinen Förm- chen Blüten, Sterne oder Herzen ausstechen.

Gemüsesuppe mit Fleischklößchen

Eiweißgericht
Für 2 Portionen:

100 g Karotten
50 g Lauch
50 g Knollensellerie
1 zarter Stengel Selleriegrün
1 El Butter
400 ml Fleischbrühe (aus Instantpulver)
150 g Rinderhackfleisch
1 kleine Zwiebel
1 Msp. getrockneter Majoran
1 kleines Ei
1 Meßlöffel Biobin (kohlenhydratfreies Bindemittel)
weißer Pfeffer
Meersalz

1. Das Gemüse waschen und putzen. Die Karotten in Scheiben, den Lauch in Streifen und den Sellerie in 3 mm dünne Stifte schneiden. Das Selleriegrün wiegen.
2. Die Butter in einem Topf erhitzen und das Gemüse sowie das Selleriegrün darin unter Rühren andünsten. Die Brühe dazugießen und das Ganze zugedeckt bei schwacher Hitze 10 Minuten köcheln lassen.
3. Inzwischen das Rinderhackfleisch in eine Schüssel geben. Die Zwiebel abziehen, fein würfeln und zusammen mit dem Majoran und dem Ei darunterkneten. Die Masse gut mit den Händen durcharbeiten, dann das Biobin unterkneten und den Fleischteig mit Pfeffer und Meersalz würzen.
4. Mit einem Teelöffel vom Teig kleine Nocken abstechen, sie mit nassen Händen zu Klößchen formen und in die köchelnde Suppe geben. Die Fleischklößchen darin 5 Minuten garziehen lassen.

Zubereitungszeit: ca. 1/2 Stunde
Pro Portion ca. 293 kcal/1226 kJ

Tip

Für Nicht-Trennköstler kann man außer Gemüse und Fleischklößchen noch kleine Suppennudeln in die Brühe geben. Sie werden separat gegart und erst kurz vor dem Servieren in die Suppentassen oder -teller gegeben.

Tomatensuppe mit Hähnchenfleisch

Eiweißgericht
Für 2 Portionen:

500 g vollreife Fleisch-tomaten
1 kleine Zwiebel
1 El Butter
1 Zweig Liebstöckel
400 ml Hühnerbrühe (aus Instantpulver)
weißer Pfeffer
Meersalz
100 g Hähnchenbrust
1 El Butter
Curry
1 Prise gemahlener Ingwer
1 Tl Sojasauce
1/2 Tl flüssiger Honig
2 El Schnittlauchröllchen

1. Die Tomaten waschen und würfeln. Die Zwiebel abziehen und in kleine Würfel schneiden. Die Butter in einem Topf erhitzen und die Zwiebelwürfel darin glasig dünsten, dann die Tomaten hinzufügen und unter Rühren andünsten. Den Liebstöckelzweig waschen, die Blättchen vom Stengel zupfen und hinzufügen.
2. Das Gemüse unter Rühren mit der Brühe aufgießen und das Ganze 10 Minuten bei schwacher Hitze zugedeckt köcheln lassen. Dann durch ein Haarsieb in einen anderen Topf passieren, so daß die Tomatenschalen und -kerne zurückbleiben. Die Suppe mit Pfeffer und Meersalz abschmecken.

3. Das Hähnchenfleisch in feine Streifen schneiden In einer beschichtete Pfanne die Butter erhitzen und das Fleisch von allen Seiten kräftig anbraten. Mit Pfeffer, Meersalz, Curry, Ingwer und Sojasauce würzen und zugedeckt ca. 5 Minuten bei schwacher Hitze schmoren. Die Tomatensuppe erhitzen. Dann den Honig einrühren, das Fleisch abschmecken und es samt der Schmorflüssigkeit in die heiße Suppe geben.
4. Das Ganze nochmals abschmecken, dann mit Schnittlauch bestreuen und servieren.

Zubereitungszeit: ca. 1/2 Stunde
Pro Portion ca. 201 kcal/841 kJ

Tip
Man kann die Suppe auch mit einem Klacks saurer Sahne oder Crème fraîche servieren. Statt Hähnchenfleisch kann man auch Putenbrust verwenden. Auch Fleischreste vom Brathähnchen eignen sich. Für Nicht-Trennköstler bieten Sie geröstete Toastbrotwürfel an, die man über die Suppe streut.

Gurken-kaltschale

Eiweißgericht
Für 2 Portionen:

300 g Salatgurke
1 kleiner Bund Dill
100 g Kirschtomaten
250 g gut gekühlter, fettar-
mer Kefir
1 Tl Zitronensaft
weißer Pfeffer, Meersalz
1/2 kleine Knoblauchzehe
50 g Tk-Shrimps
1 Tl Butter

1. Die Gurke schälen, längs halbieren, die Kerne herausschaben und das Fruchtffleisch grob raspeln. Den Dill waschen, trockentupfen, dicke Stengel entfernen, zwei schöne Zweige zum Gar-nieren beiseite legen, die restlichen fein wiegen. Die Kirschtomaten waschen, und halbieren. Alles in eine Terrine geben, mit Pfeffer und Meersalz würzen und kalt stellen.
2. Den Kefir mit Zitronensaft, Pfeffer und Meersalz verrühren, die Knoblauchzehe zum Kefir pressen und alles gründlich verrühren. Den Kefir zum Gemüse geben, durchrühren und wieder kühl stellen.
3. Die Shrimps auftauen lassen. Die Butter in einer beschichteten Pfanne erhitzen und die Shrimps darin anbraten.
4. Die Gurkensuppe abschmecken, auf zwei Suppentassen verteilen, die Shrimps darübergeben und jede Portion mit Dill garnieren.

Zubereitungszeit: ca. 1/2 Stunde
Pro Portion ca. 164 kcal/686 kJ

Kalte Sommer-gemüsesuppe

Eiweißgericht
Für 2 Portionen:

50 g süße Sahne
3 El Fleischbrühe (aus
Instantpulver)
250 g Tk-Sommergemüse
(Erbsen, Karotten, Blumen-
kohl, Kohlrabi, etc., Kräuter)
weißer Pfeffer, Meersalz
350 g gerührter Mager-
milchjoghurt, 0,3 % Fett
2 hartgekochte Eier
(Gew.-Kl. 4)
2 El Schnittlauchröllchen

1. Die Sahne zusammen mit der Fleischbrühe in einem Topf aufkochen, das Tk-Gemüse hinzugeben und zugedeckt knapp 10 Minuten leise köcheln lassen, zwischendurch durchrühren. Dann mit Pfeffer und Meersalz würzen und erkalten lassen.
2. Den Magermilchjoghurt dazugeben, alles gut verrühren, nochmals abschmecken, dann die Suppe auf zwei Teller verteilen.
3. Die Eier in Scheiben schneiden oder vierteln, jeweils 1 Ei auf jeder Portion anrichten und den Schnittlauch darüberstreuen.

Zubereitungszeit: ca. 20 Minuten
Zeit zum Abkühlen: ca. 1/2 Stunde
Pro Portion ca. 272 kcal/1138 kJ

Tip
Wenn Sie das Gemüse frisch zur Verfügung haben, sollten Sie natürlich diesem gegenüber Tk-Ware den Vorzug geben. Die Zubereitung (Gemüse waschen, putzen, zerkleinern und garen) dauert dann allerdings etwas länger.

Aprikosen-kaltschale

Eiweißgericht
Für 2 Portionen:

300 g vollreife Aprikosen
2 El Birnendicksaft
300 g gut gekühlter,
fettarmer Kefir
75 g süße Sahne
1/2 unbehandelte Orange
oder Limette
Zitronenmelisse zum
Garnieren

1. Die Aprikosen waschen, abtrocknen, halbieren und entsteinen. Die Hälfte der Aprikosen in schmale Spalten schneiden oder würfeln, die anderen zusammen mit dem Birnendicksaft und dem Kefir im Mixer pürieren.
2. Die Sahne halb steif schlagen. Von der Orangen- oder Limettenhälfte zwei dünne Scheiben für die Garnitur abschneiden, den Rest auspressen und den Saft unter die Aprikosen-Kefir- Mischung rühren.
3. Die Aprikosen-Kefir-Mischung auf zwei Teller verteilen. Die Aprikosenspalten darauf geben, die geschlagene Sahne in die Mitte setzen.
4. Die beiden Orangen- oder Limettenscheiben jeweils bis zur Mitte hin einschneiden und gegeneinander verdrehen, so daß eine Spirale entsteht. Auf die Kaltschale setzen und diese mit Zitronenmelisse garnieren.

Zubereitungszeit: ca. 1/2 Stunde
Pro Portion ca. 295 kcal/1234 kJ

Beeren-kaltschale

Eiweißgericht
Für 2 Portionen:

300 g gemischte Beeren
(Erdbeeren, Himbeeren,
Brombeeren, schwarze Johannisbeeren)
2 - 3 Tl flüssiger Honig
50 ml kalte Vollmilch
300 g gut gekühlter, gerührter Magermilchjoghurt
2 Tl gehackte Pistazien
Zitronenmelisse zum
Garnieren

1. Die Beeren waschen, verlesen und putzen, dann die Hälfte zusammen mit dem Honig und der Milch pürieren.
2. Den Joghurt und die restlichen Beeren vorsichtig darunterrühren und die Kaltschale auf zwei Teller verteilen. Jede Portion mit den gehackten Pistazien und mit der Zitronenmelisse garnieren.

Zubereitungszeit: ca. 20 Minuten
Pro Portion ca. 195 kcal/816 kJ

Tip
Auf die gleiche Weise können Sie auch Kaltschalen von anderen Früchten der Eiweißgruppe zubereiten. Wenn Sie Bananen verwenden - die zur Kohlenhydratgruppe gehören - müssen Sie die Vollmilch durch ein gesäuertes Milchprodukt ersetzen.

Feiner Salat mit Käsesauce und Croûtons

Kohlenhydratgericht
Für 2 Portionen:

75 g Friséesalat
75 g Radicchiosalat oder
Lollo rossa
30 g Feldsalat
50 g Edelpilzkäse, 60% oder
70 % F. i. Tr. (z.B. Blue
Bayou, Danablu)
100 g gerührter Mager-
milchjoghurt, 0,3% Fett
weißer Pfeffer aus der Mühle
2 Kirschtomaten
1 Scheibe Vollkorntoastbrot
1 Stückchen Knoblauchzehe
1/2 Kästchen Kresse

1. Die Blattsalate waschen, putzen und
trockenschleudern. Große
Blätter von Frisée und Ra-
dicchio bzw. Lollo rossa
entlang der Rippen halbieren, die Feldsalat-
sträußchen ganz lassen,
nur die Wurzelenden ab-
schneiden. Die Salate sortenweise auf zwei Tellern
anrichten.
2. Den Edelpilzkäse mit
einer Gabel zerdrücken
und mit dem Joghurt glattrühren, mit Pfeffer würzen
und über die Salate geben.
3. Die Kirschtomaten waschen und halbieren, je
zwei Hälften auf den Sa-
latportionen anrichten.
4. Das Toastbrot goldbraun rösten, mit Knob-
lauch einreiben und in
Würfelchen schneiden.
Diese über dem Salat ver-
teilen. Die Kresse ab-
schneiden und die Salate
mit kleinen Kresse-
sträußchen garnieren.

Zubereitungszeit: ca. 1/2 Stunde
Pro Portion ca. 164 kcal/686 kJ

Räucherlachs mit Meerrettichsahne

Kohlenhydratgericht
Für 2 Portionen:

einige schöne, zarte Kopf-
salatblätter
150 g Räucherlachs in
hauchdünnen Scheiben
Dill zum Garnieren
100 g süße Sahne
weißer Pfeffer
1 Prise Meersalz
1 Tl frisch geriebener Meerrettich oder 1 El Meerrettich
aus dem Glas
2 Scheiben Vollkorntoastbrot
2 Tl Butter

1. Die Salatblätter waschen, putzen, trocken-
schleudern und zwei Vor-
speisenteller zur Hälfte
damit auslegen.
2. Den Räucherlachs neben dem Salat hübsch an-
richten. Den Dill waschen,
trockentupfen und zarte
Zweige zwischen den
Räucherlachs stecken.
3. Die Sahne steif schlagen, Pfeffer, Meersalz und
Meerrettich unterrühren
und die Masse in eine Tortenspritze füllen. Mit
großer, gezackter Tülle auf
den Salat jeweils ein Sahnehäubchen spritzen.
4. Die Toastbrotscheiben
goldbraun rösten, mit der
Butter zum Salat servieren.

Zubereitungszeit: ca. 25 Minuten
Pro Portion ca. 500 kcal/2092 kJ

Tip
*Statt Räucherlachs kön-
nen Sie auch Filets von
anderem Räucherfisch
verwenden. Sehr fein sind
beispielsweise geräucher-
te Forellenfilets.*

Gefüllte Kartoffel mit Kräuterquark

Kohlenhydratgericht
Für 2 Portionen:

2 Kartoffeln (à ca. 125 g, vorwiegend festkochende Sorte)
100 g Quark, 20% F. i. Tr.
75 g gerührter Magermilchjoghurt, 0,3% Fett
weißer Pfeffer
Meersalz
1/2 durchgedrückte Knoblauchzehe
3 El feingewiegte frische Kräuter (Dill, Schnittlauch, Kerbel)
4 schöne Salatblätter
1 Tomate zum Garnieren
1/2 Kresse Kästchen

1. Die Kartoffeln unter fließendem Wasser gut abbürsten, dann knapp mit Wasser bedeckt ca. 25 Minuten garen.

2. Inzwischen den Quark mit dem Joghurt glattrühren, mit Pfeffer, Meersalz und Knoblauch würzen und die Kräuter untermischen.
3. Die Kartoffeln abgießen. Die Salatblätter waschen und trockenschleudern, dann jeweils zwei auf einem Teller anrichten. Die Tomaten waschen, abtrocknen, vierteln, den Stengelansatz heraussschneiden und jeweils zwei Tomatenviertel auf jedem Teller anrichten.
4. Die Kartoffeln oben kreuzweise einschneiden, etwas auseinanderbrechen und auf den Salat setzen. Auf die Kartoffeln den Kräuterquark verteilen und die Kresse darüberstreuen.

Zubereitungszeit: ca. 35 Minuten
Pro Portion ca. 166 kcal/695 kJ

Gebratener Maiskolben

Kohlenhydratgericht
Für 2 Portionen:

2 frische Maiskolben (Gemüsemais)
2 Tl Olivenöl
weißer Pfeffer, Meersalz
Salatblätter zum Anrichten
2 dünne Scheiben Kräuter- oder Knoblauchbutter (à 10 g)
1 Stück Vollkornbaguette (75 g)

1. Die Maiskolben entblättern und die Kolbenenden sowie die Spitzen mit den Fasern und den unreifen Körnern abschneiden.
2. Die Maiskolben nebeneinander in eine beschichtete Pfanne legen, rundherum mit Olivenöl bestreichen und mit Pfeffer sowie Meersalz würzen, dann in der Pfanne von allen Seiten anbraten. Den Deckel auflegen und die Maiskolben bei milder Hitze 15 Minuten fertiggaren.
3. Inzwischen die Salatblätter waschen, trockenschleudern und auf zwei Tellern anrichten. Jeweils 1 Scheibe Kräuterbutter dazulegen.
4. In jeden Maiskolben oben und unten ein Holzspießchen stecken und jeweils einen Maiskolben auf einem Teller anrichten. Baguette dazu servieren.

Zubereitungszeit: ca. 1/2 Stunde
Pro Portion ca. 293 kcal/1226 kJ

Tip

Frischer Gemüsemais ist vor allem von Juli bis November im Angebot. Ersatzweise können Sie auch Maiskolben aus der Dose verwenden.

Matjestatar im Kressebeet

Neutrales Gericht
Für 2 Portionen:

2 Matjesfilets (ca. 120 g)
1 rote Zwiebel (75 g)
1 Stück Salatgurke (150 g)
1/2 gelbe Paprikaschote
1/2 kleiner Bund Dill
100 g saure Sahne, 10% Fett
weißer Pfeffer
Meersalz
2 Kästchen Kresse

1. Die Matjesfilets abtropfen lassen und sehr fein würfeln. Die Zwiebel abziehen, einige dünne Ringe für die Garnitur abschneiden, den Rest ebenfalls fein würfeln, zu den Matjes geben.
2. Gurke, Paprika und Dill waschen und trockentupfen. Das Gurken- und Paprikastück in kleine Würfel schneiden, vom Dill zwei zarte Zweige für die Garnitur zurückbehalten, den Rest fein wiegen, dann diese Zutaten unter die Matjes mischen und das Ganze mit Pfeffer und

Meersalz leicht würzen. 1/4 Stunde zugedeckt durchziehen lassen.
3. Inzwischen die saure Sahne mit Pfeffer und Salz abschmecken. Die Kresse abschneiden und zwei Teller damit auslegen. Die Matjesmischung jeweils darauf setzen und die saure Sahne darübergeben. Mit Zwiebelringen und Dill garnieren.

Zubereitungszeit: ca. 1/4 Stunde
Zeit zum Durchziehen:
ca. 1/4 Stunde
Pro Portion ca. 264 kcal/1105 kJ

Tip
Statt Paprika können Sie auch gekochte und feingewürfelte rote Bete unter die Matjes mischen. Für Nicht-Trennköstler servieren Sie dazu knusprige Roggenbrötchen.

Tsatsiki

Neutrales Gericht
Für 2 Portionen:

300 g Sahnedickmilch oder
griechischer Sahnejoghurt
aus Ziegenmilch
weißer Pfeffer
Meersalz
3 Knoblauchzehen
1 kleine Zwiebel
150 g Salatgurke
etwas frischer Dill zum
Garnieren
knackige Salatblätter zum
Eindippen

1. Die Sahnedickmilch
bzw. den Sahnejoghurt
mit Pfeffer und Meersalz
glattrühren.
2. Die Knoblauchzehen
abziehen, zwei durch die
Presse in die Dickmilch
bzw. den Joghurt
drücken, die andere fein
würfeln und untermischen.
Die Zwiebel abziehen, fein
würfeln und hinzufügen.
3. Das Gurkenstück
schälen und grob raspeln,
die Gurkenraspel samt
dem ausgetretenen Saft in
die Dickmilch- bzw. Jo-
ghurtmischung rühren.
Das Tsatsiki zugedeckt im
Kühlschrank 1/2 Stunde
durchziehen lassen.
4. Inzwischen den Dill und
die Salatblätter waschen
und trockenschleudern.
Die Salatblätter in einer
Schüssel anrichten. Das
Tsatsiki in zwei Schälchen
füllen und jeweils mit Dill
garnieren.

Zubereitungszeit: ca. 20 Minuten
Zeit zum Durchziehen:
ca. 1/2 Stunde
Pro Portion ca. 210 kcal/879 kJ

Gefüllte Tomaten

Neutrales Gericht
Für 2 Portionen:

4 mittelgroße Tomaten
weißer Pfeffer aus der Mühle
100 g Doppelrahmfrischkäse
60% F. i. Tr.
100 g Schafsmilch-Ricotta,
42% F. i. Tr. (Ricotta di pe-
cora, italienischer Frisch-
käse) oder Speisequark,
20% F. i. Tr.
5 El feingewiegte frische
Kräuter (Schnittlauch, Dill,
Kerbel, Thymian)
1 Schalotte
1/2 Tl eingelegte grüne
Pfefferkörner
Meersalz
einige Raukeblätter (Rucola)
oder Brunnenkresse zum An-
richten
4 Oliven, gefüllt mit Paprika-
mark, zum Garnieren

1. Die Tomaten waschen, abtrocknen und oben einen flachen Deckel abschneiden. Die Tomaten vorsichtig aushöhlen und innen leicht mit Pfeffer aus der Mühle würzen.
2. Den Doppelrahmfrischkäse mit dem Ricotta oder dem Quark geschmeidig rühren und die feingewiegten Kräuter untermischen. Die Schalotte abziehen und sehr fein würfeln. Die Pfefferkörner mit einer Gabel zerdrücken und zusammen mit den Schalottenwürfelchen unter den Frischkäse mischen, ihn dann mit Meersalz abschmecken.
3. Die Raukeblätter oder die Brunnenkresse waschen, trockenschleudern und auf zwei Tellern anrichten. Den Frischkäse mit einem Löffel in die Tomaten füllen oder ihn in eine Tortenspritze mit

dicker Sterntülle geben und in die Tomaten spritzen. Je 2 gefüllte Tomaten auf einem Teller anrichten und jede mit einer Olive garnieren.

Zubereitungszeit: ca. 2 Minuten
Pro Portion ca. 298 kcal/1247 kJ

Tip

Lecker schmecken auch mit Thunfischcreme gefüllte Tomaten. 150 g Thunfisch ohne Öl zusammen mit 200 g Doppelrahmfrischkäse pürieren und mit Pfeffer und Zitronensaft abschmecken. Die Menge reicht für 8 Tomaten. Dieser Snack ist allerdings ein Eiweißgericht.

Spargel mit Bündner Fleisch

Neutrales Gericht
Für 2 Portionen:

300 g Stangenspargel (ge-putzt gewogen)
Meersalz zum Kochen
1 Tl Butter zum Kochen
einige schöne Kopfsalat-blätter
75 g Bündner Fleisch in hauchdünnen Scheiben
1/2 Bund Kerbel oder Schnittlauch
1/2 Tl eingelegte grüne Pfef-ferkörner
75 g süße Sahne
75 g Vollmilchjoghurt
Meersalz

1. Den Spargel waschen, putzen und dünn schälen. Die Stangen in reichlich kochendes Salzwasser geben, die Butter zufügen und das Gemüse zuge-deckt ca. 10 Minuten bei schwacher Hitze garen.
2. Inzwischen die Salat-blätter waschen, trocken-schleudern und in mund-gerechte Stücke pflücken. Sie auf zwei Tellern an-richten.
3. Das Bündner Fleisch locker rosettenartig zu-sammenfalten, auf den Salatblättern anrichten.
4. Den Kerbel oder Schnittlauch waschen, trockentupfen und fein wiegen. Die Pfefferkörner mit einer Gabel zerdrük-ken. Die Sahne steifschla-gen, dann den Joghurt, die Kräuter und die Pfef-ferkörner untermischen und das Ganze mit Meer-salz abschmecken.

5. Den Spargel abgießen (das Kochwasser für eine Suppe aufheben!), die Stangen kurz abschrek-ken, gut abtropfen lassen, dann in 5 cm lange Stücke schneiden und neben dem Bündner Fleisch anrich-ten. Die Sahnesauce darü-ber verteilen.

Zubereitungezeit: ca. 20 Minuten
Pro Portion ca. 285 kcal/1192 kJ

Tip
Zu dieser festlichen Vorspeise können Sie Toastbrot servieren. Das Gericht ist dann ein Kohlenhydratgericht.

Tomaten mit Mozzarella

Eiweißgericht
Für 2 Portionen:

300 g kleine, vollreife Tomaten
125 g Mozzarella, 45% F. i. Tr.
schwarzer Pfeffer aus der
Mühle
Knoblauchpulver nach Ge-
schmack
Meersalz
frisches Basilikum
2 Tl kaltgepreßtes
Olivenöl

1. Die Tomaten waschen, vom Stengelansatz befreien und in Scheiben schneiden.
2. Den Mozzarella abtropfen lassen, ebenfalls in dünne Scheiben schneiden.
3. Die Tomatenscheiben kreisförmig auf zwei Teller legen, dazwischen die Mozzarellascheiben anordnen. Pfeffer darübermahlen und das Ganze nach Geschmack mit Knoblauch würzen. Die Tomaten mit etwas Meersalz bestreuen.
4. Das Basilikum waschen, trockentupfen, die Blättchen von den Stielen zupfen und zwischen die Tomaten- und Mozzarellascheiben legen. Das Olivenöl darüber träufeln.

Zubereitungszeit: ca. 1/2 Stunde
Pro Portion ca. 230 kcal/962 kJ

Tip
Man kann diese Vorspeise auch kurz überbacken, bis der Käse schmilzt, und warm servieren. Nicht-Trennköstlern bieten Sie dazu geröstetes Baguette an.

Carpacchio

Eiweißgericht
Für 2 Portionen:

100 g rohe Rinderlende
100 g kleine Champignons
1 - 2 Tl kaltgepreßtes Oli-
venöl
Saft von 1/2 Zitrone
frisches Basilikum
schwarzer Pfeffer aus der
Mühle
Meersalz

1. Das Lendenstück in Alufolie wickeln und ca. 1 Stunde frosten, damit man es in hauchdünne Scheiben schneiden kann.
2. Die Champignons waschen, putzen und blättrig schneiden. Das Fleisch auf der elektrischen Schneidemaschine oder mit dem Elektromesser in hauchdünne Scheiben schneiden.
3. Zwei Teller mit Olivenöl bestreichen, dann die Rinderlendenscheiben und die Champignonscheiben darauf anrichten.
4. Den Zitronensaft darüberträufeln. Das Basilikum waschen, trockentupfen, die Blättchen von den Stielen zupfen und dazwischen anordnen. Das Ganze mit Pfeffer übermahlen und mit wenig Meersalz würzen.

Zubereitungszeit: ca. 20 Minuten
Zeit zum Frosten: ca. 1 Stunde
Pro Portion ca. 132 kcal/552 kJ

Tip
Für Nicht-Trennköstler reichen Sie dazu ein mit Knoblauch eingeriebenes Toastbrot oder Baguette.

Gefüllte Eier mit Krabbencreme

Eiweißgericht
Für 2 Portionen:

**2 große Eier
(Gew.-Kl. 2 oder 3)
50 g Tk-Krabben (Shrimps)
4 eingelegte grüne Pfefferkörner
2 El feingewiegter Dill
1 El trockener Sherry
2 - 3 El dicke saure Sahne
(Schmand 24% Fett)
weißer Pfeffer
Meersalz
Dill zum Garnieren
2 Salatblätter und einige
Mandarinenspalten zum An-
richten**

1. Die Eier in ca. 10 Minuten hartkochen. Die Tk-
Krabben auftauen lassen.
2. Die Eier abschrecken,
völlig abkühlen lassen,
dann pellen und der Län-
ge nach halbieren. Die Ei-

dotter herausnehmen und
in eine kleine Schüssel geben. Die Pfefferkörner,
den Dill und die saure
Sahne hinzufügen und al-
les mit dem Passierstab
gründlich miteinander verrühren.
3. Die Krabben klein-
schneiden, hinzugeben
und mit dem Passierstab
pürieren. Die Masse glattrühren und mit Pfeffer und
Meersalz würzen.
4. Die Krabbencreme in
eine Tortenspritze mit
großer gezackter Tülle füllen und Rosetten in die
Eihälften spritzen. Jede
gefüllte Eihälfte mit Dill
garnieren. Jeweils zwei
Eihälften auf einen Teller
setzen und mit einem Sa-
latblatt und einigen Man-
darinenspalten anrichten.

Zubereitungszeit: ca. 1/2 Stunde
Pro Portion ca. 212 kcal/887 kJ

Gemüse-Aspik

Eiweißgericht
Für 2 Portionen:

**80 g gegarte Hähnchenbrust
1 dünne Karotte (75 g)
75 g kleine Brokkoliröschen
300 ml Hühnerbrühe
1 Lorbeerblatt
2 Wacholderbeeren
weißer Pfeffer, Curry
75 ml trockener Weißwein
knapp 10 g Aspikpulver
2 kleine Champignons
Salatblätter und Petersilie**

1. Das Hähnchenfleisch
kleinschneiden. Die Karotte waschen, abbürsten
und in dünne Scheiben
schneiden. Die Brokkoli-
röschen waschen.
2. Die Brühe mit Lorbeerblatt und zerdrückten Wa-
cholderbeeren aufkochen,
mit Pfeffer und Curry würzen, das Gemüse darin
7 Minuten kochen. Auf ein
mit Küchenkrepp ausge-
legtes Haarsieb schütten,

die Flüssigkeit auffangen.
Das Gemüse abschrecken,
Lorbeer und Wacholder-
beeren entfernen.
3. Heiße Brühe mit dem
Wein auf 375 ml auffüllen,
Aspikpulver einrühren.
4. Etwas Gelierflüssigkeit
in zwei oder drei glatte
Förmchen gießen und er-
starren lassen. In die
Mitte jeweils einen Cham-
pignons setzen, außenher-
um die Hähnchfleisch-
stücke und das Gemüse
anordnen und die Gelier-
flüssigkeit dazwischen-
und darübergießen, bis
das Aspik eine glatte
Oberfläche hat. Das Aspik
im Kühlschrank 3 Stunden
erstarren lassen.
6. Das Aspik aus den
Förmchen auf zwei Vor-
speisenteller stürzen, mit
Salatblättern sowie mit
frischer Petersilie anrichten.

Zubereitungszeit: ca. 1/2 Stunde
Zeit zum Festwerden: ca. 3 Stunden
Pro Portion ca. 102 kcal/427 kJ

Gemüseeintopf mit Nudeln

Kohlenhydratgericht
Für 2 Portionen:

2 Karotten (150 g)
1 Stück Knollensellerie (50 g)
1 Stück Lauch (50 g)
100 g Chinakohl oder Wirsing
2 El Tk-Maiskörner (40 g)
600 ml Gemüsebrühe (aus Instantpulver)
1 kleines Lorbeerblatt
1 kleiner Zweig Liebstöckel
40 g feine Vollkornsuppennudeln
weißer Pfeffer
Meersalz
2 El frische, feingewiegte Petersilie

1. Das frische Gemüse waschen und putzen. Die Karotten würfeln, den Lauch längs halbieren, nochmals unter fließendem Wasser gründlich durchspülen, abtropfen lassen und quer in Streifen schneiden. Den Chinakohl oder Wirsing in Streifen schneiden, das klein geschnittene Gemüse mit dem Mais mischen.
2. Die Brühe aufkochen, Lorbeer, Liebstöckel und das Gemüse hinzugeben. Bei halbgeöffnetem Deckel das Ganze 10 Minuten bei schwacher Hitze köcheln lassen.
3. Die Fadennudeln über einem Teller mit der Hand grob zerdrücken, feine Suppennnudeln ganz lassen, dann in die köchelnde Suppe geben, durchrühren und nach der

Packungsvorschrift 5 - 7 Minuten mitköcheln.
4. Das Lorbeerblatt und den Liebstöckelzweig herausnehmen. Den Eintopf mit Pfeffer und Meersalz abrunden und mit gewiegter Petersilie bestreut servieren.

Zubereitungszeit: ca. 1/2 Stunde
Pro Portion ca. 144 kcal/602 kJ

Tip
Man kann auch anderes Gemüse verwenden, so beispielsweise Tk-Sommer- oder Balkangemüse, Erbsen, Karotten und Spargelstücke, junge grüne Bohnen, Zucchini, Brokkoli, Blumenkohl, Kohlrabi und Rosenkohl. Fast alles, was der Garten oder der Markt an Gemüse hergibt, darf kombiniert werden. Wenn Kartoffeln hinzukommen, fallen die Nudeln als Einlage weg.

Bandnudeln mit Gemüse-Käsesauce

Kohlenhydratgericht
Für 2 Portionen:

200 schmale grüne Bandnudeln
1 Tl Öl zum Kochen
Meersalz zum Kochen
1 kleiner Zucchino (150 g)
1 rote Paprikaschote (150 g geputzt)
1 Schalotte
1 Knoblauchzehe
25 g Butter
2 El Mehl (30 g, evtl. feines Weizenvollkornmehl)
75 g Sahne
125 ml Gemüsebrühe
75 g Edelpilzkäse 60 oder 70% F. i. Tr.
weißer Pfeffer
Meersalz

1. Die Bandnudeln in etwa 2 Liter kochendes Wasser mit Öl und Meersalz geben und nach Packungsvorschrift ca. 10 Minuten garen.
2. Inzwischen den Zucchino und die Paprikaschote waschen, putzen und fein würfeln. Die Schalotte und die Knoblauchzehe abziehen und ebenfalls feinwürfeln.
3. In einer beschichteten Pfanne die Butter erhitzen und die Schalotten- und Knoblauchwürfelchen darin glasig dünsten. Mit dem Mehl überstäuben, es unter Rühren hell anschwitzen, dann die Pfanne vom Herd nehmen, das Ganze mit der Sahne ablöschen und glattrühren.
4. Die Sauce wieder aufsetzen, unter Rühren zum Kochen bringen, dabei die

Gemüsebrühe nach und nach unterrühren und die Gemüsestückchen zugeben. Das Ganze bei schwacher Hitze 5 Minuten durchköcheln lassen.
5. Den Käse grob mit einer Gabel zerdrücken und in der Gemüsesauce schmelzen lassen. Die Sauce mit Pfeffer und Meersalz abschmecken.
6. Die Nudeln auf ein Sieb schütten, gut abtropfen lassen, dann auf zwei Teller verteilen und die Sauce darübergeben.

Zubereitungszeit: ca. 35 Minuten
Pro Portion ca. 783 kcal/3276 kJ

Tip
Sie können die Sauce auch mit 300 g aufgetautem und gut abgetropften Tk-Blattspinat zubereiten. Oder Sie verwenden frische Chamignons oder andere Pilze. Sie sind ebenfalls neutral.

Überbackene Tortellini auf Blattspinat

Kohlenhydratgericht
Für 2 Portionen:

200 g Tortellini
1 TI Öl zum Kochen
Meersalz zum Kochen
20 g Butter
1 kleine Knoblauchzehe
250 g Tk-Blattspinat
Pfeffer aus der Mühle
1 Prise geriebene
Muskatnuß
Meersalz
1 TI Butter für die Form
75 g Butterkäse in
Scheiben 60% F. i. Tr.

1. Die Tortellini nach Packungsvorschrift in ca. 2 Litern Wasser mit Öl und Meersalz bißfest kochen.
2. Inzwischen die Butter in einer Kasserolle erhitzen. Die Knoblauchzehe abziehen, fein würfeln und in der Butter andünsten.
3. Den Tk-Spinat dazugeben. Alles bei kleiner Hitze zugedeckt unter gelegentlichem Rühren dünsten. Den Spinat mit Pfeffer, Muskatnuß und Meersalz würzen. Die fertigen Tortellini auf ein Sieb schütten, kurz abschrecken und gut abtropfen lassen.
4. Den Grill oder Backofen auf 180° C vorheizen. Eine hitzefeste Form mit Butter ausstreichen, den Spinat hineingeben und die Tortellini auf dem Gemüse verteilen.
5. Die Käsescheiben in 1 cm breite Streifen schneiden und gitterartig

auf die Tortellini legen. Das Gericht im Grill oder Backofen ca. 20 Minuten überbacken.

Zubereitungszeit: ca. 3/4 Stunden
Pro Portion ca. 616 kcal/2577 kJ

Tip

Statt des Blattspinats kann man auch Mangold oder Pak-Choi (chinesischer Senfkohl) verwenden. Das Gericht schmeckt auch mit Wirsing. Dazu paßt ein frischer Salat, beispielsweise der gemischte Lollo rossa von Seite 72.

Makkaroni mit-Champignon-ragout

Kohlenhydratgericht
Für 2 Portionen:

200 g Makkaroni (möglichst
Vollkornmakkaroni)
1 Tl Öl zum Kochen
Meersalz zum Kochen
500 g frische Champignons
oder Egerlinge (oder
Mischpilze)
1 mittelgroße Zwiebel
1 Knoblauchzehe
1 kleiner Bund Petersilie
20 g Butter
1 schwach gehäufter Tl
feines Weizenvollkornmehl
50 g Sahne
125 ml Gemüsebrühe (aus
Instantpulver)
1 - 2 El Crème fraîche
weißer Pfeffer aus der Mühle
Meersalz
4 Kirschtomaten

1. Die Makkaroni in ca.
2 Liter Wasser mit Öl und
Meersalz nach Packungs-
anweisung bißfest garen.
2. Die Pilze waschen,put-
zen und in mundgerechte
Stücke schneiden. Die
Zwiebel und die Knob-
lauchzehe abziehen und
fein würfeln. Die Petersilie
waschen, in Küchenkrepp
ausdrücken, die dicken
Stengel entfernen und die
zarten Zweige fein wiegen.
3. In einem weiten Topf
die Butter erhitzen und die
Zwiebel undm Knoblauch-
würfel unter Rühren darin
glasigdünsten. DiePeter-
silie und die Pilze hinzufügen und das Ganze unter
gelegentlichem Rühren
zugedeckt bei schwacher
Hitze ca. 7 Minuten
schmoren.
4. Das Mehl darüberstäuben, die Pilzmischung
wenden und das Ganze
kurz andünsten, bis die

Flüssigkeit fast völlig ver-
dampft ist. Den Topf vom
Herd nehmen und das
Pilzragout mit Sahneablö-
schen. Mit dem Schnee-
besen klumpenfrei ver-
rühren, dabei die Brühe
hinzugießen.
5. Das Pilzragout wieder
erhitzen, unter Rühren aufkochen und bei schwa-
cher Hitze 5 Minuten
durchköcheln lassen. Vom
Herd nehmen, die Crème
fraîche unterrühren und
das Ganze mit Pfeffer und
Meersalz abschmecken.
6. Die Makkaroni auf ein
Sieb schütten, gut abtropfen lassen und auf zwei
vorgewärmte Teller verteilen. Das Pilzragout dar-
übergeben und jede Porti-
on mit zwei halbierten
Kirschtomaten anrichten.

Zubereitungszeit: ca. 1/2 Stunde
Pro Portion ca. 611 kcal/2556 kJ

Tip
Besonders fein und würzig
schmeckt das Champi-
gnonragout, wenn Sie
200 g zarten Kohlrabi (fein
gewürfelt) und etwas in
feine Streifen geschnitte-
nes Kohlrabigrün mitdün-
sten. Servieren Sie dazu
einen pikant-würzigen,
neutralen Salat, beispiels-
weise den Radieschensa-
lat mit Kresse und Keim-
lingen von Seite 74.

Gemüse-Cannelloni

Kohlenhydratgericht
Für 2 Portionen:

Für die Cannelloni:
20 g Grünkern
1 kleiner Zucchino (150 g)
200 g Karotten
100 g Frühlingszwiebeln
2 El Butter
50 g Crème fraîche
weißer Pfeffer
Meersalz
8 Cannelloni (Rohgewicht ca. 90 g)

Für die Sauce:
1 El Butter
1 Knoblauchzehe
1/2 Tl eingelegte grüne Pfefferkörner
1 El Weizenvollkornmehl
50 g Sahne
150 ml Gemüsebrühe
100 ml Einweichwasser vom Grünkern
100 g Edelpilzkäse, 60% F. i. Tr.
weißer Pfeffer
Meersalz

1. Die Grünkernkörner in 200 ml Wasser über Nacht einweichen.
2. Das Gemüse waschen und putzen. Den Zucchino und die Karotten in sehr kleine Würfel schneiden, die Frühlingszwiebeln in feine Streifen schneiden. Den Grünkern abgießen, die Flüssigkeit auffangen.
3. Die Butter in einer beschichteten Pfanne erhitzen, Gemüse und Grünkern darin zugedeckt unter gelegentlichem Wenden 5 Minuten andünsten. Die Crème fraîche untermischen, mit Pfeffer und Meersalz würzen.
4. Die Cannelloni 30 Sekunden in kochendem Wasser ziehen lassen, mit einer Schaumkelle herausnehmen. Die Gemüsemasse mit einem Teelöffel in die Nudelrollen füllen und sie nebeneinander in eine hitzefeste Form legen. Den Backofen auf 180° C vorheizen.
5. Für die Sauce die Butter erhitzen, die Knob-lauchzehe abziehen, fein würfeln und zusammen mit den Pfefferkörnern darin andünsten. Das Mehl darüberstäuben, leicht anschwitzen, dann das Ganze mit der Sahne ablöschen und glattrühren. Unter Rühren die Brühe und das Einweichwasser hinzugießen, die Sauce glattrühren und 5 Minuten köcheln lassen.
6. Vom Herd nehmen, den Käse mit einer Gabel zerdrücken, hinzufügen und unter Rühren schmelzen lassen. Die Sauce mit Pfeffer und Meersalz abschmecken und über die Nudelrollen gießen. Das Ganze zugedeckt im Backofen bei 180° C ca. 40 Minuten garen.

Zubereitungszeit: ca. 1 Stunde
Zeit zum Einweichen: ca. 8 Stunden
Pro Portion ca. 754 kcal/3155 kJ

Tip
Die Cannelloni kann man auch mit anderem feingewürfelten Gemüse füllen. Probieren Sie doch mal Kohlrabi, Fenchel, Staudensellerie oder Paprika. Besonders raffiniert schmeckt das Gericht, wenn Sie es mit gekeimten Weizenkörnern zubereiten.

Nudelgratin

Kohlenhydratgericht
Für 2 Portionen:

200 g Vollkorn-Spiralnudeln
1 Tl Öl zum Kochen
Meersalz zum Kochen
1 Tl Butter für die Form
100 g süße Sahne
2 Eigelb (Gew.-Kl. 4)
1 El Weizenvollkornmehl
1 kleiner Bund Petersilie
weißer Pfeffer
geriebene Muskatnuß
Meersalz
125 g Butterkäse,
60% F. i. Tr. (gut gekühlt)

1. Die Nudeln nach Packungsvorschrift in etwa 2 Litern Wasser mit Öl und Meersalz bißfest kochen. Auf einem Sieb abschrecken und gut abtropfen lassen. Eine kleine hitzefeste Form mit Butter ausstreichen.

2. Die Sahne mit dem Eigelb gründlich verquirlen, das Mehl darunterrühren. Die Petersilie waschen, trockentupfen und fein wiegen, unter die Sahnemischung rühren, das Ganze mit Pfeffer, Meersalz und Muskat würzen. Den Backofen auf 180° C vorheizen.

3. Die Nudeln in die Form geben und die Sahnemischung darüber verteilen. Den Käse grob raspeln und auf die Oberfläche streuen. Das Ganze zugedeckt im vorgeheizten Backofen bei 200° C etwa 20 Minuten überbacken, dann ohne Deckel weitere 15 Minuten bei 200° C backen, bis sich auf der Oberfläche eine goldgelbe Kruste bildet.

Zubereitungszeit: ca. 3/4 Stunden
Pro Portion ca. 834 kcal/3489 kJ

Nudelpfanne auf chinesische Art

Kohlenhydratgericht
Für 2 Portionen:

10 g getrocknete Shiitake-Pilze
150 g schmale Bandnudeln
1 Tl Öl zum Kochen
Meersalz zum Kochen
100 g Karotten
200 g Frühlingszwiebeln
oder zarter Lauch
50 g Knollensellerie
75 g Bambussprossen aus
dem Glas
20 g Butter
weißer Pfeffer
1 Prise Kurkuma
1 Prise gemahlener Ingwer
1/2 Tl Honig, Meersalz
2 - 3 junge Blättchen
Zitronenmelisse, in Streifen
geschnitten

1. Die getrockneten Pilze in reichlich Wasser 2 - 3 Stunden einweichen.
2. Die Nudeln in 1 1/2 Litern Wasser mit Öl und Meersalz bißfest garen.
3. Inzwischen das frische Gemüse waschen, putzen und in sehr feine Streifen (Juliennes) schneiden. Bambussprossen und eingeweichte Pilze gut abtropfen lassen, ebenfalls in feine Streifen schneiden.
4. In einer beschichteten Pfanne die Butter erhitzen und das Gemüse und die Pilze unter gelegentlichem Wenden darin gut andünsten. Das Ganze mit Pfeffer, Kurkuma, Ingwer, Honig und Salz würzen.
5. Die Nudeln abgießen und unter das Gemüse mischen. Die Zitronenmelisse dazugeben, alles nochmals kurz erhitzen.

Zubereitungszeit: ca. 40 Minuten
Zeit zum Einweichen: 2 - 3 Stunden
Pro Portion ca. 415 kcal/1736 kJ

Kräuternudeln mit Käse

Kohlenhydratgericht
Für 2 Portionen:

200 g schmale Bandnudeln
1 Tl Öl
Meersalz
2 Blättchen Estragon
1 kleiner Zweig Thymian
je 2 Blättchen Basilikum und
Majoran
1 Zweig Kerbel
1 Knoblauchzehe
1 kleine Zwiebel
20 g Butter
75 g Sahne
weißer Pfeffer
100 g Schnittkäse mit mindestens 50% F. i. Tr. (z.B. Raclette, Butterkäse)

1. Die Nudeln nach Pakkungsanweisung in 2 Liter Wasser mit Öl und Meersalz bißfest kochen.
2. Die Kräuter waschen, trockentupfen und fein wiegen. Die Knoblauchzehe und die Zwiebel abziehen und fein würfeln.
3. In einer beschichteten Pfanne die Butter erhitzen, Zwiebeln, Knoblauch und Kräuter hinzugeben und das Ganze unter Rühren dünsten, bis die Zwiebelwürfel glasig sind. Die Sahne unterrühren, die Masse aufkochen lassen und mit Pfeffer und Meersalz würzen. Den Käse grob raffeln oder in sehr feine Stifte schneiden.
4. Die Nudeln auf ein Sieb schütten, gut abtropfen lassen und zur Sauce in die Pfanne geben. Alles gut durchmischen, dann die Käsestife unter die heißen Nudeln mengen, den Deckel auflegen und die Nudeln nochmals erhitzen.

Zubereitungszeit: ca. 1/2 Stunde
Pro Portion ca. 736 kcal/3079 kJ

Nudeln mit Apfelmus

Kohlenhydratgericht
Für 2 Portionen:

200 g Bandnudeln
1 Tl Öl zum Kochen
Meersalz zum Kochen
500 g mürbe, süße Äpfel
1 El Honig oder Rohzucker
(aus dem Reformhaus)
2 El Rosinen nach Belieben
25 g Butter
2 El Semmelbrösel (möglichst von Vollkornsemmeln)

1. Die Nudeln nach Packungsvorschrift in ca. 2 Litern Wasser mit Öl und Meersalz bißfest kochen.
2. Inzwischen die Äpfel waschen, vierteln, das Kernhaus entfernen und das Fruchtfleisch in Stücke schneiden. In einer Kasserolle 80 ml Wasser aufkochen, die Apfelstücke dazugeben und zugedeckt 7 - 10 Minuten weich dünsten. Das Ganze durch ein Sieb streichen, den Honig oder Rohzucker und evtl. die Rosinen unter das Apfelmus mischen.
3. Die Nudeln auf ein Sieb schütten und gut abtropfen lassen. 1 Tl Butter untermischen und die Nudeln auflockern.
4. In einer beschichteten Pfanne die restliche Butter erhitzen und die Semmelbrösel darin unter Rühren leicht anrösten. Die Nudeln dazugeben, etwas anbacken, dann wenden. Die Nudeln mit dem warmen Apfelmus servieren.

Zubereitungszeit: ca. 40 Minuten
Pro Portion ca. 665 kcal/2782 kJ

Zimtnudeln mit Sahnesauce

Kohlenhydratgericht
Für 2 Portionen:

Für die Zimtnudeln:
200 g Bandnudeln (evtl. Vollkornnudeln)
1 Tl Öl zum Kochen
Meersalz zum Kochen
1 El Butter
1 Tl Rohzucker (aus dem Reformhaus)
1 Msp. Zimtpulver

Für die Sahnesauce:
1 Becher süße Sahne (200 g)
2 - 3 Tl Rohzucker (aus dem Reformhaus)
1 Tl ungefärbtes Vanillepuddingpulver (aus dem Reformhaus)

1. Die Nudeln nach Packungsvorschrift in ca. 2 Litern Wasser mit Öl und Meersalz bißfest garen.
2. Inzwischen in einem kleinen Töpfchen für die Sauce die Sahne aufkochen. Den Rohzucker mit dem Vanillepuddingpulver mischen und mit 2 - 3 El Wasser klumpenfrei verrühren. Die köchelnde Sahne vom Herd nehmen und diese Mischung einrühren. Das Ganze wieder auf den Herd setzen, einmal kurz aufwallen lassen, durchrühren und warmstellen.
3. Die Nudeln auf ein Sieb schütten und gut abtropfen lassen. Die Butter in einer beschichteten Pfanne erhitzen, die Nudeln hineingeben, mit Rohzucker und Zimt bestreuen und mehrmals wenden. Die Zimtnudeln auf vorgewärmte Teller geben und die Sahnesauce dazu servieren.

Zubereitungszeit: ca. 1/2 Stunde
Pro Portion ca. 738 kcal/3088 kJ

Kartoffel-Gratin mit Wirsing

Kohlenhydratgericht
Für 2 Portionen:

500 g Kartoffeln (vorwiegend festkochende Sorte)
250 g zarte Wirsingblätter
Meersalz zum Kochen
1 kleine Zwiebel
20 g Butter
2 El Weizenvollkornmehl
75 g Sahne
75 ml Gemüsebrühe (aus Instantpulver)
weißer Pfeffer aus der Mühle
1 Msp. geriebene Muskatnuß
Meersalz
1/2 kleiner Bund Petersilie oder Kerbel
1 Eigelb
80 g Butterkäse, 50 - 60% F. i. Tr.

1. Die Kartoffeln waschen, abbürsten und als Pellkartoffeln kochen. Die Wirsingblätter waschen, in fingerbreite Streifen schneiden und in reichlich Wasser mit Meersalz 7 Minuten sprudelnd kochen. Dann auf ein Sieb schütten, gut abtropfen lassen.
2. Die Zwiebel abziehen und fein würfeln. In einer beschichteten Pfanne die Butter erhitzen, die Zwiebelwürfel darin glasig dünsten, dann mit Mehl überstäuben und das Ganze unter Rühren hell anschwitzen. Die Pfanne vom Herd nehmen, Sahne dazugeben und glattrühren. Die Mehlschwitze erhitzen, unter Rühren die Brühe hinzugeben, alles klumpenfrei verrühren. Mit Pfeffer, Muskat und Meersalz würzen und etwa 3 Minuten durchköcheln las-

sen, dann die Pfanne vom Herd nehmen.
3. Die Kartoffeln abgiessen, abschrecken, pellen und in Scheiben schneiden. Die Kräuter waschen, trockentupfen und fein wiegen. Zusammen mit dem Eigelb in die Sauce rühren. Den Käse grob raspeln. Den Backofen auf 200° C vorheizen und eine hitzefeste Form mit Butter ausstreichen.
4. Die Kartoffelscheiben und Wirsingstreifen abwechselnd in die Form schichten, die Sauce darüber verteilen und den Käse darauf streuen. Das Ganze im vorgeheizten Backofen bei 200° C etwa 25 Minuten gratinieren.

Zubereitungszeit: ca. 1 Stunde
Pro Portion ca. 624 kcal/2611 kJ

Tip
Sie können den Gratin auch mit anderem Kohlgemüse zubereiten. So beispielsweise mit Blumenkohl, Brokkoli, Rosenkohl oder Chinakohl.

Rösti mit Frühlingszwiebeln

Kohlenhydratgericht
Für 2 Portionen:

**600 g festkochende
Kartoffeln
250 g Frühlingszwiebeln
30 - 50 g Butterschmalz
weißer Pfeffer
1 Prise geriebene
Muskatnuß
Meersalz**

1. Die Kartoffeln waschen und schälen. Eine Schüssel mit einem sauberen Baumwolltuch auslegen, die Kartoffeln auf der groben Reibe hineinraffeln. Die Tuchecken zusammennehmen, die Kartoffeln ausdrücken, bis Saft austritt. Die Raspel sollten möglichst trocken sein.
2. Die Frühlingszwiebeln waschen, putzen, die obersten Teile entfernen und die Knolle sowie das zarte Grün in feine Streifen schneiden.
3. Die Hälfte des Butterschmalzes in einer beschichteten Pfanne erhitzen, die Frühlingszwiebelstreifen darin rundherum andünsten, dann die Kartoffelraspel untermischen und das Ganze mit Pfeffer, Muskat und Meersalz würzen. Die Masse flachdrücken, goldbraun anbraten, dann das restliche Butterschmalz hinzugeben, das Rösti im Ganzen wenden und von beiden Seiten bei mäßiger Hitze goldbraun braten.
4. Das Rösti halbieren und auf zwei vorgewärmten Tellern anrichten.

Zubereitungszeit: ca. 40 Minuten
Pro Portion ca. 424 kcal/1774 kJ

Kartoffel-Gemüse-Pfanne

Kohlenhydratgericht
Für 2 Portionen:

400 g festkochende Kartoffeln (geschält gewogen)
2 kleine rote Paprikaschoten (200 g geputzt gewogen)
2 kleine Zucchini (250 g)
1 Zwiebel (75 g)
1 Knoblauchzehe
30 g Butterschmalz
50 g Tk-Maiskörner
1 Tl getrockneter Majoran
weißer Pfeffer aus der Mühle
Meersalz

1. Die Kartoffeln waschen, schälen und in dünne Scheiben schneiden oder hobeln. Die Paprikaschoten und die Zucchini waschen und abtrocknen. Die Paprika vierteln, die Kerne und weißen Innenwände entfernen und das Fruchtfleisch fein würfeln. Die Zucchini in dünne Scheiben schneiden oder hobeln. Die Zwiebel und die Knoblauchzehe abziehen und fein würfeln.
2. Das Butterschmalz in einer beschichteten Pfanne erhitzen, die Zwiebel- und Knoblauchwürfel und die Kartoffelscheiben dar-

in ausbreiten und 5 Minuten braten, dann wenden und das restliche Gemüse dazugeben. Alles gut mischen, den Deckel auflegen und das Ganze bei schwacher Hitze 15 Minuten schmoren lassen.
3. Das Gemüse mit Majoran, Pfeffer und Meersalz würzen und offen noch weitere 10 Minuten leise schmoren. Dabei gelegentlich wenden.

Zubereitungszeit: ca. 3/4 Stunden
Pro Portion ca. 361 kcal/1510 kJ

Tip
Dazu paßt frischer Salat. Wer Knoblauch nicht mag, kann das Gericht auch mit Kümmel würzen. Hübsch sieht es aus, wenn Sie verschiedenfarbige Paprikaschoten (rot, grün, orange, gelb) verwenden. Nicht-Trennköstler können ein kleines Steak oder Frikadellen dazu essen.

Kartoffeln mit Schnittlauchquark und Mais

Kohlenhydratgericht
Für 2 Portionen:

**4 große neue Kartoffeln
(festkochend, à ca. 150 g)
2 frische Maiskolben (à 200 g)
2 Tl Butter oder Olivenöl
weißer Pfeffer
Meersalz
250 g Speisequark, 20% F.i. Tr.
1 kleiner Bund
Schnittlauch
1 kleine Zwiebel**

1. Die Kartoffeln waschen, abbürsten und knapp mit Wasser bedeckt garen. Den Backofen auf 175° C vorheizen.
2. Von den Maiskolben die Blätter und die Fäden entfernen. Die Butter oder das Olivenöl erhitzen und die Maiskolben rundherum damit bestreichen. Auf den Grillrost legen und im Backofen bei 175° C unter gelegentlichem Wenden und Erhöhung der Gartemperatur auf 200° C etwa 20 Minuten garen.
3. Inzwischen den Quark mit Pfeffer und Meersalz glattrühren. Den Schnittlauch waschen, trockentupfen und fein wiegen. Die Zwiebel abziehen und fein würfeln. Beides unter den Quark mischen.
4. Die Kartoffeln abgießen und den Mais aus dem Ofen nehmen. Den Quark mit den Kartoffeln und dem Mais anrichten. Den Mais bei Tisch mit Pfeffer und Meersalz würzen.

**Zubereitungszeit: ca. 3/4 Stunden
Pro Portion ca. 458 kcal/1916 kJ**

Reis auf Austernpilzen

Kohlenhydratgericht
Für 2 Portionen:

Für den Reis:
1 kleine Zwiebel
1 El Butter
125 g Naturreis (Rohgewicht)
Meersalz zum Kochen

Für die Austernpilze:
500 g Austernpilze
100 g Karotten
1 kleine Zwiebel
20 g Butter
weißer Pfeffer
Meersalz
2 cl trockener Sherry
1 El Crème fraîche
1 kleiner Bund Petersilie

1. Die Zwiebel abziehen und fein würfeln. Die But-ter in einem Topf erhitzen und die Zwiebelwürfel darin glasig dünsten. Den Reis hinzugeben, unter Rühren kurz mitdünsten, dann 280 ml Wasser an-gießen, salzen, das Ganze aufkochen und den Reis zugedeckt bei schwacher Hitze 20 Minuten köcheln lassen. Gelegentlich durchrühren.
2. Die Austernpilze nur falls nötig waschen und putzen, dann in mundge-rechte Stücke schneiden. Die Karotten abbürsten und in sehr feine Stifte schneiden. Die Zwiebel abziehen und fein würfeln.
3. Die Butter erhitzen und die Zwiebelwürfel sowie die Karottenstifte unter Rühren darin andünsten, aber nicht bräunen. Die Austerpilze hinzugeben·

und unter gelegentlichem Wenden bei mittlerer Hitze zugedeckt 5 Minuten dün-sten. Pfeffer, Meersalz und Sherry dazugeben, durchmischen und die Crème fraîche einrühren.
4. Die Petersilie waschen, trockentupfen und fein wiegen. Etwas zum Gar-nieren beiseite stellen, den Rest unter das Pilzgericht mischen und es ab-schmecken.
5. Das Pilzgemüse auf zwei vorgewärmte Teller geben, den Reis mit ei-nem Portionierlöffel oder einer Schöpfkelle halbku-gelartig darauf anrichten und mit der restlichen Pe-tersilie bestreuen.

Zubereitungszeit: ca. 1/2 Stunde
Pro Portion ca. 480 kcal/2008 kJ

Tip
Statt der Austernpilze kön-nen Sie auch andere fri-sche Pilze verwenden. Wer mag, kann das Pilz-gemüse noch mit Knob-lauch abschmecken.

Reispfanne fernöstlich

Kohlenhydratgericht
Für 2 Portionen:

5 g getrocknete Shiitake-Pilze
125 g Naturreis (Rohgewicht)
1 TL Butter
Meersalz zum Kochen
1 Prise gemahlener Ingwer
1 Prise gemahlene Nelken
1 Prise Koriander
1 Msp. Curry
weißer Pfeffer
evtl. 1 Tropfen Sambal Oelek
150 g zarte Wirsingblätter
1 dünne Stange Lauch (60 g)
150 g Karotten
40 g Bambussprossen (aus dem Glas)
20 g Butter
1 Tl flüssiger Honig

1. Die Trockenpilze in reichlich Wasser 15 Minuten einweichen. Die Butter erhitzen, den Reis darin unter Rühren glasig werden lassen, dann 250 ml Wasser und etwas Meersalz hinzugeben und den Reis bei schwacher Hitze 15 Minuten zugedeckt köcheln lassen.
2. Die Pilze abgießen, etwas vom Einweichwasser aufheben. Von den Pilzen die harten Stiele entfernen, dann die Pilze in Streifen schneiden und zusammen mit 3 El Einweichwasser zum Reis geben. Das Ganze noch weitere 5 Minuten garen. Den Reis mit Ingwer, Nelken, Koriander, Curry, Pfeffer und einer Spur Sambal Oelek (scharf!) feinwürzig abschmecken.

3. Das Gemüse waschen und putzen. Die Wirsingblätter und den Lauch in feine Streifen schneiden, die Karotten und die Bambussprossen fein stifteln.
4. Die Butter in einer beschichteten Pfanne erhitzen, das Gemüse darin unter gelegentlichem Durchrühren gut dünsten. Zwischendurch 50 ml Einweichwasser hinzugeben. Den Honig unterrühren, dann die Reis- Pilz-Mischung unterheben. Das Gericht abschmecken und servieren.

Zubereitungszeit: ca. 40 Minuten
Zeit zum Einweichen: ca. 15 Minuten
Pro Portion ca. 393 kcal/1644 kJ

Tip
Besonders raffiniert wird das Gericht, wenn Sie den Reis mit Safran färben. Einfach 1 Safranfaden mitkochen.

.

Bunte Gemüse-platte

Neutrales Gericht
Für 2 Portionen:

**1 kleiner Kopf Blumenkohl
(300 g geputzt)
Meersalz zum Kochen
1 Kohlrabi (150 g geputzt)
200 g Karotten
200 g zarte grüne Bohnen
(evtl. Tk-Prinzeßbohnen)
1 kleine Zwiebel
40 g Butter
1 Prise Instantpulver für
Gemüsebrühe
1 Prise weißer Pfeffer
1 Prise geriebene
Muskatnuß
25 g Mandelblättchen
1 Bund Petersilie**

1. Das Gemüse waschen
und putzen. Den Blumen-
kohlkopf im Ganzen in
reichlich kochendes Salz-
wasser geben und zuge-
deckt bei mäßiger Hitze

12 Minuten garen. Den
Kohlrabi schälen, die inneren grünen Blätter ab-
schneiden und fein wie-
gen, die Kohlrabiknolle
und die Karotten in blei-
stiftdicke Stifte schneiden.
Die Bohnen in kochendes
Salzwasser geben und 10
Minuten zugedeckt bei
schwacher Hitze garen.
Tk-Bohnen nach
Packungsvorschrift zube-
reiten. Die Zwiebel abziehen und fein würfeln.
2. Von der Butter 20 g in
einem Topf erhitzen und
die Zwiebelwürfel darin
glasig werden lassen. Die
Kohlrabi- sowie die Karottenstifte dazugeben und
rundherum andünsten.
3. Den Blumenkohl mit einer Schaumkelle heraus-
nehmen, auf eine Platte
setzen und warmstellen.
Vom Blumenkohlwasser
2 - 3 El abnehmen und zur
Kohlrabi-Karottenmi-
schung geben. Mit In-

stantbrühe, Pfeffer und
Muskat würzen und das
Gemüse auf der Platte ne-
ben dem Blumenkohl an-
richten. Warmstellen.
4. Die Bohnen abgießen
und abtropfen lassen. 10 g
Butter erhitzen, die Boh-
nen darin schwenken und
mit Pfeffer, Meersalz und
Knoblauch würzen. Auf
der Platte anrichten. Die
restliche Butter erhitzen,
die Mandeln darin rösten
und die Mischung über
den Blumenkohl geben.
Die Petersilie waschen,
trockenschleudern und
fein wiegen. Über das
Gemüse streuen und das
Ganze heiß servieren.

Zubereitungszeit: ca. 3/4 Stunden
Pro Portion ca. 352 kcal/1473 kJ

Tip
*Wenn Sie das Gemüse
nicht "pur" genießen
möchten, können Sie dazu
200 g Pellkartoffeln pro
Person anbieten. Dann ha-
ben Sie allerdings ein
Kohlenhydrategricht.*

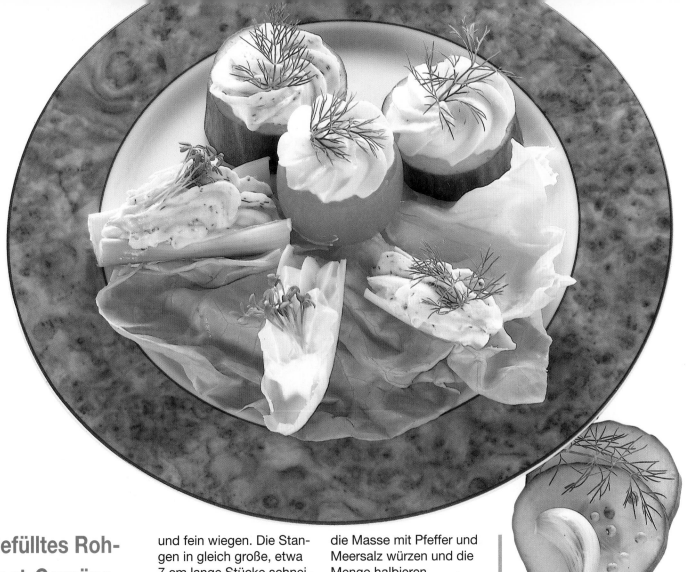

Gefülltes Roh-kost-Gemüse

Neutrales Gericht
Für 2 Portionen:

Für die Rohkost:
2 Stengel Bleichsellerie mit
Grün (ca. 150 g)
1 Stück Salatgurke (300 g)
einige Salatblätter zum An-
richten
4 kleine Chicoréeblätter
2 kleine Tomaten (100 g)
Für die Füllungen:
250 g Magerquark
100 g saure Sahne 10% Fett
1 kleine Zwiebel
weißer Pfeffer
Meersalz
1 kleine Knoblauchzehe
1/2 kleiner Bund Dill
1 Kästchen Kresse

1. Das Rohkostgemüse
waschen und trockentup-
fen. Vom Bleichsellerie die
Blättchen abschneiden

und fein wiegen. Die Stangen in gleich große, etwa
7 cm lange Stücke schnei-
den. Vom Gurkenstück
das Ende abschneiden,
die Gurke nach Belieben
schälen oder ungeschält
verwenden. Sie in
4 cm dicke Stücke schnei-
den und das Innere je-
weils mit einem Teelöffel
etwas aushöhlen.
2. Die Salatblätter waschen, trockenschleudern
und auf einer Platte an-
richten. Die Bleichsellerie-
stengel und die Gurken-
stücke darauf anordnen.
Die Chicoréeblätter wie
Schiffchen auf der Platte
arrangieren. Von den To-
maten oben einen flachen
Deckel abschneiden, sie
aushöhlen und ebenfalls
auf der Platte anrichten.
3. Für die Füllungen den
Magerquark mit der sau-
ren Sahne glattrühren. Die
Zwiebel abziehen, fein reiben und dazugeben, dann

die Masse mit Pfeffer und
Meersalz würzen und die
Menge halbieren.
4. Die Knoblauchzehe abziehen und durch die
Presse in die eine Hälfte
der Quarkmasse drücken.
Den Dill waschen, trok-
kentupfen, etwas für die
Garnitur beiseite legen,
den Rest fein wiegen und
zusammen mit dem Knob-
lauch unter den Quark
mischen.
5. Die Kresse abschneiden, ein Sträußchen zum
Garnieren aufheben, den
Rest fein wiegen und un-
ter die zweite Hälfte der
Quarkmasse mischen.
6. Das vorbereitete
Gemüse mit den Quark-
cremes füllen. Mit den
zurückbehaltene Kräutern
garnieren.

Zubereitungszeit: ca. 35 Minuten
Pro Portion ca. 211 kcal/883 kJ

Tip
Man kann auch anderes
Gemüse füllen, z. B. Papri-
kaschoten. Als Garnitur
und zum Würzen eignen
sich frische Sprossen.

Gefüllte China-kohlröllchen

Neutrales Gericht
Für 2 Portionen:

200 g zarte Blätter Chinakohl
1 kleine Zwiebel
200 g frische kleine Champignons oder Pfifferlinge
30 g frische Mung- oder Sojabohnensprossen
4 El Kressesprossen
40 g Butter
weißer Pfeffer
Meersalz
50 g feingewürfelter Käse mit mindestens 55% F. i. Tr.
100 g Sahne
knapp 1/2 Tl Gemüsebrühe (Instantpulver)

1. Die Chinakohlblätter waschen, trockentupfen und mit der Außenseite nach unten auf einem großen Küchenbrett ausbreiten. Für ein Röllchen jeweils einige Blätter sich überlappend nebeneinander legen. Auf diese Weise 4 Chinakohlröllchen vorbereiten.
2. Die Zwiebel abziehen und fein würfeln. Die Pilze waschen, putzen und blättrig schneiden. Die Sprossen waschen.
3. Die Hälfte der Butter in einer beschichteten Pfanne erhitzen und die Zwiebelwürfel darin glasig dünsten. Die Pilze und die Sprossen hinzugeben und unter Wenden 5 Minuten mitdünsten, dann das Ganze mit Pfeffer und Meersalz würzen und den Käse untermischen.

4. Die Pilzmischung jeweils auf das erste Drittel der Chinakohlblätter setzen, die Blätter von dieser Seite vorsichtig aufrollen, die Ränder jeweils leicht einschlagen und mit einem Holzstäbchen feststecken.
5. Die restliche Butter in der Pfanne erhitzen und die gefüllten Röllchen von allen Seiten bei mäßiger Hitze darin andünsten. Bei aufgelegtem Deckel 5 Minuten schmoren lassen, dann wenden, die Sahne dazugießen und das Gemüsebrühpulver einrühren. Noch weitere 5 Minuten schmoren lassen, dann anrichten.

Zubereitungszeit: ca. 40 Minuten
Pro Portion ca. 440 kcal/1841 kJ

Tip
Wenn Sie dazu Baguette, Kartoffeln oder Reis servieren, fällt die Mahlzeit unter "Kohlenhydratgericht". Reichen Sie dazu Fleisch, so ist es ein Eiweißgericht. Im Gegensatz zu anderen Sojaprodukten gelten Sojasprossen als neutral. Sie können den Käse auch in Scheiben schneiden und die Röllchen damit überbacken.

Rosenkohl-Gratin

Neutrales Gericht
Für 2 Portionen:

500 g Rosenkohl
Meersalz zum Kochen
20 g Butter
1 kleine Zwiebel
75 g Sahne
1 Ml Biobin
(kohlenhydratfreies Binde-
mittel aus Johannisbrotkern-
mehl)
1 Prise weißer Pfeffer
1 Prise geriebene
Muskatnuß
Meersalz
2 Eigelb (Gew.-Kl. 4)
1 Tl Butter für die Form
100 g Schnittkäse mit minde-
stens 55% F. i. Tr.

1. Den Rosenkohl putzen, dabei die welken Außenblätter entfernen, die Röschen am Strunk kreuzweise einschneiden, große Röschen halbieren. Reichlich Wasser mit etwas Meersalz aufkochen und den Rosenkohl zugeben. Zugedeckt bei mäßiger Hitze 10 Minuten garen.
2. Inzwischen die Butter in einer beschichteten Pfanne erhitzen. Die Zwiebel abziehen und fein würfeln, in der Butter glasig werden lassen. Die Pfanne zunächst die Sahne und das Biobin einrühren, mit Pfeffer, Muskat und Meersalz würzen, dann das Eigelb unterquirlen. Den Backofen auf 200° C vorheizen.
3. Eine flache Gratinform mit Butter ausstreichen. Den Rosenkohl in ein Sieb

schütten, gut abtropfen lassen. Dann in die Gratinform füllen und die Sauce darüber verteilen. Den Käse grob raffeln und darüberstreuen. Den Gratin im Backofen bei 200° C auf mittlerer Schiene 20 Minuten überbräunen.

Zubereitungszeit: ca. 3/4 Stunden
Pro Portion ca. 460 kcal/1925 kJ

Tip
Sie können noch Pilze, Sprossen oder andere Gemüsesorten untermischen. Sehr gut schmeckt der Gratin auch mit Schinkenwürfeln, er ist dann als Eiweißgericht einzustufen. Auch können sie statt des Eigelbs ganze Eier verwenden, das Gericht ist ebenfalls ein Eiweißgericht. Wenn Sie ihn mit Kartoffeln servieren, zählt er als Kohlenhydratgericht. In diesem Fall können Sie statt mit Biobin auch mit Mehl binden.

Matjes mit Rote Bete

Neutrales Gericht
Für 2 Portionen:

**300 g kleine Rote Bete
(gekocht gewogen)
6 Matjesfilets (300 g)
1 mittelgroße rote Zwiebel
1 Stück Salatgurke (250 g)
1 Bund Dill
200 g saure Sahne
75 g Vollmilchjoghurt
1 El Molkosan (vergorenes
Molkenkonzentrat)
2 cl Aquavit
weißer Pfeffer
Meersalz
Dill zum Garnieren**

1. Die Rote-Bete-Knollen gründlich waschen und putzen, dann in reichlich kochendes Wasser geben und ca. 1/2 Stunde kochen. Auf ein Sieb schütten, kalt abschrecken und abkühlen lassen.
2. Inzwischen die Matjesfilets abtropfen lassen, in fingerbreite Streifen schneiden und in eine Schüssel geben. Die Zwiebel abziehen, halbieren und die Hälften in feine Scheiben schneiden, zu den Matjes geben. Das Gurkenstück schälen und in feine Stifte schneiden, sie ebenfalls zu den Matjes geben. Die Zutaten locker mischen.
3. Den Dill waschen, trockentupfen, die dicken Stengel entfernen und die zarten Stiele mit den Fähnchen fein wiegen. Einige Stiele für die Garnitur aufheben.

4. Die saure Sahne mit dem Joghurt und dem Molkosan glattrühren, Aquavit, Pfeffer, Meersalz und den gewiegten Dill untermischen und die Sauce abschmecken.
5. Von den gekochten Roten Beten die Haut mit einem spitzen Messer abstreifen (oder mit den Händen!) und die Knollen fein würfeln. Unter die Matjes-Mischung mengen, dann die Sauce unterziehen und das Ganze zugedeckt im Kühlschrank 1 Stunde durchziehen lassen. Vor dem Servieren mit Pfeffer und Meersalz nochmals abschmecken und mit dem übrigen Dill anrichten.

Zubereitungszeit: ca. 50 Minuten
Zeit zum Durchziehen: ca.1 Stunde
Pro Portion ca. 646 kcal/2703 kJ

Tip
Besonders feinwürzig schmecken die Matjes, wenn Sie die Sauce mit etwas mittelscharfem Senf verfeinern. Dr. Hay rät zwar von größeren Mengen Senf ab, insbesondere bei Nierenstörungen, der Gesunde kann aber Senf durchaus zum Würzen verwenden, zumal seine dezente Säure Fischgerichten ein besonderes Aroma verleiht. Servieren Sie dazu frisch gekochte Pellkartoffeln, dann haben Sie ein köstliches Kohlenhydratgericht, das auch für Gäste fein genug ist!

Matjes mit Böhnchen und Speckstippe

Neutrales Gericht
Für 2 Portionen:

Für die Matjes:
6 Matjesfilets (300 g)
1 kleine rote Zwiebel

Für die Speckstippe:
75 g mageren Räucherspeck
125 g Zwiebeln

Für die Böhnchen:
500 g junge grüne Bohnen
20 g Butter
1 Tl getr. Bohnenkraut
schwarzer Pfeffer aus der
Mühle
Meersalz
2 El feingewiegte Petersilie

Zum Garnieren:
2 Petersiliensträußchen

1. Die Matjesfilets gut abtropfen lassen und auf eine Platte geben. Die rote Zwiebel abziehen, in feine Ringe schneiden und auf den Fischfilets anordnen.
2. Den Räucherspeck in sehr kleine Würfel schneiden, in einer beschichteten Pfanne ausbraten. Die Zwiebeln abziehen, fein würfeln, im Bratfett goldgelb braten. Die Stippe in ein ofenfestes Gefäß füllen und warmstellen.
3. Die Bohnen waschen, putzen und in kochendes Wasser geben. 10 Minuten bei schwacher Hitze garen, dann abgießen und kalt abschrecken. Die Butter in einem weiten Topf erhitzen, die abgetropften Bohnen darin schwenken, Bohnenkraut, Pfeffer und Meersalz dazugeben und das Ganze zugedeckt ca. 5 Minuten bei schwacher Hitze dünsten.

4. Die gewiegte Petersilie untermischen. Die Böhnchen auf zwei vorgewärmte Teller geben, je 3 vorbereitete Matjesfilets mit Zwiebelringen darauf anrichten, jede Portion mit einem Petersiliensträußchen garnieren. Dazu die Speckstippe servieren.

Zubereitungszeit: ca. 35 Minuten
Pro Portion ca. 830 kcal/3473 kJ

Tip
Im klassischen Rezept gibt es dazu Pellkartoffeln, die man ungeschält zusammen mit der Speckstippe verzehrt (Kohlenhydratgericht).

121

Geschnetzeltes mit Gemüse

Eiweißgericht
Für 2 Portionen:

200 g Rinderfiletspitzen
30 g Butterschmalz
50 g Schalotten
1/2 kleine Knoblauchzehe
100 g kleine Champignons
1 Fenchelknolle mit Grün
1 Spritzer Zitronensaft
1 Tl Sojasauce
1 Msp. Kräuter der Provençe
weißer Pfeffer, Meersalz
3 El dunkler Fleischfond aus dem Glas
2 El Crème fraîche (50 g)

1. Vom Fleisch Häute und Sehnen entfernen, das Fleisch zunächst in dünne Scheiben, dann in Streifen schneiden. In einer beschichteten Pfanne das Butterschmalz erhitzen und die Fleischstreifen darin unter Wenden anbraten. Sie herausnehmen und warmstellen.

2. Die Schalotten und die Knoblauchhälfte abziehen. Schalotten ganz lassen, Knoblauch fein würfeln. Die Pilze kurz waschen und abtrocknen. Den Fenchel waschen, putzen, das Grün abschneiden und fein wiegen, die Knolle längs halbieren, die Hälften quer in Scheiben schneiden.
3. Schalotten und Knoblauch im Bratfett glasig werden lassen, die ganzen Pilze dazugeben und 3 Minuten mitdünsten, dann Fenchelstreifen und Grün untermischen und alles zugedeckt 5 Minuten schmoren.
4. Die Würzzutaten untermischen. Fleischfond mit Crème fraîche verrühren, untermischen und das Ganze unter Rühren aufwallen lassen. Die Fleischstreifen unterheben und das Gericht abschmecken.

Zubereitungszeit: ca. 1/2 Stunde
Pro Portion ca. 386 kcal/1615 kJ

Steaks à la California

Eiweißgericht
Für 2 Portionen:

2 Scheiben Rinderfilet
(à 150 g)
25 g Butterschmalz
schwarzer Pfeffer aus der Mühle
Meersalz
1 Pfirsich (125 g ohne Stein)
1 El Mandelblättchen
1 Prise Curry

1. Von den Fleischscheiben mit einem spitzen Messer die durchsichtige Haut entfernen und das Fleisch mit dem Handballen etwas in Form drücken. In einer beschichteten Pfanne das Butterschmalz erhitzen, die Steaks auf jeder Seite 2 - 3 Minuten braten, mit Pfeffer und Meersalz würzen und warm stellen.

2. Den Pfirsich 1 Minute in heißes Wasser tauchen, die Haut abziehen, die Frucht halbieren und den Kern herauslösen. Das Fruchtfleisch in schmale Spalten schneiden und im Bratsatz von allen Seiten leicht anbraten, die Mandeln untermischen und mitrösten, das Ganze leicht mit Curry würzen.
3. Die Pfirsichspalten mit den Mandeln auf den Steaks anrichten.

Zubereitungszeit: ca. 20 Minuten
Pro Portion ca. kcal 362/1515 kJ

Tip
Dazu reichen Sie eine große Portion gemischten Salat. Für Nicht-Trennköstler bieten Sie Curryreis an.

Überbackene Rindermedaillons

Eiweißgericht
Für 2 Portionen:

**2 Rindermedaillons
(Rinderfiletstücke mit jeweils
100 g)
einige zarte Lauchblätter
25 g Butterschmalz
schwarzer Pfeffer aus der
Mühle oder Fleischpfeffer
Meersalz
2 Scheiben Schweizer Em-
mentaler 45% F. i. Tr. (50 g)
Petersilie zum Garnieren**

1. Von den Medaillons
falls nötig die durchsichtige Haut entfernen, das
Fleisch trockentupfen und
mit dem Handballen et-
was in Form drücken, so
daß es gleichmäßig dick
ist. Die Lauchblätter
gründlich waschen und
trockentupfen. Die
Fleischscheiben mit den
Lauchblättern umringen
und sie mit Küchengarn
festbinden.
2. In einer beschichteten
Pfanne das Butterschmalz
erhitzen und die Medail-
lons auf jeder Seite 2 Minuten braten, so daß sie
innen noch rosa sind. Erst
dann mit Pfeffer und
Meersalz würzen.
3. Auf jedes Medaillon eine Scheibe Käse legen
und das Ganze unter dem
Grill überbacken, bis der
Käse schmilzt. Mit Peter-
silie garniert servieren.

Zubereitungszeit: ca. 25 Minuten
Pro Portion ca. 344 kcal/1439 kJ

Tip

*Dazu reichen Sie eine
große Portion gemischten
Salat. Für Nicht-Trenn-
köstler bieten Sie
Curryreis an.*

Gefüllte Steaks auf Gemüse

Eiweißgericht
Für 2 Portionen:

**2 Rindersteaks (à 150 g)
1 kleine Knoblauchzehe
weißer Pfeffer, Meersalz
2 Tl Tomatenmark
2 Scheiben Mozzarella (50 g)
300 g zarte Zucchini
200 g kleine Tomaten
40 g Butterschmalz
1 kleine gewürfelte Zwiebel
je 1 Tl frischer Thymian und
Basilikum, feingewiegt**

1. Die Fleischscheiben
mit dem Handballen flach-
klopfen. Die Knoblauchze-
he abziehen und durch-
pressen, dann mit Pfeffer,
Salz und Tomatenmark
mischen und auf die
Steaks streichen. Jeweils
1 Scheibe Mozzarella auf
das Fleisch legen, zusam-
menklappen und das
Ganze mit Holzspießchen
zusammenstecken.

2. Die Zucchini waschen
und in bleistiftdünne Stifte
schneiden. Die Tomaten
häuten und entkernen.
Das Fruchtfleisch in Streifen schneiden.
3. Die Hälfte des Butterschmalzes erhitzen, die
Zwiebelwürfel darin glasig
werden lassen, dann die
Zucchini und die Tomaten
dazugeben und 5 Minuten
andünsten.
4. Die Kräuter unter das
Gemüse mischen und es
mit Pfeffer und Salz ab-
schmecken.
5. In einer zweiten Pfanne
das restliche Butter-
schmalz erhitzen und die
gefüllten Steaks darin von
beiden Seiten 3 Minuten
anbraten, dann den Deckel
auflegen und das Ganze
bei ausgeschalteter Platte
3 Minuten warm halten,
damit der Käse schmilzt.
Die Steaks mit dem
Gemüse anrichten.

Zubereitungszeit: ca. 1/2 Stunde
Pro Portion ca. 476 kcal/1992 kJ

Kalbsröllchen auf Mangold

Eiweißgericht
Für 2 Portionen:

Für die Kalbsröllchen:
2 dünne Kalbsschnitzel
(à 150 g)
weißer Pfeffer,
Meersalz
75 g Crème fraîche
60 g geriebener Hartkäse
(z.B. Grana Padano, Pecorino, Parmesam, Emmentaler)
1 Zweig Basilikum
1 Zweig Thymian
2 Blättchen Estragon
2 El Pistazien
25 g Butterschmalz oder
2 El Sojaöl

Für das Mangoldgemüse:
500 g Mangold
weißer Pfeffer aus der Mühle
grobgemahlener Koriander
Meersalz

1. Die Kalbsschnitzel leicht mit der Faust klopfen, dann mit Pfeffer und Meersalz würzen. Unter die Crème fraîche die Hälfte des geriebenen Käses rühren. Die Kräuter waschen, trockentupfen, die Pistazien fein wiegen, dann zusammen mit den Kräuterblättchen unter die Crème fraîche mischen. Die Mischung auf die Kalbsschnitzel streichen, das Fleisch aufrollen und jeweils mit einem Spießchen feststecken.

2. In einer beschichteten Pfanne das Fett erhitzen und die Kalbsröllchen darin von allen Seiten schön braun anbraten. Dann die Hitze reduzieren und das Fleisch bei mäßiger Hitze zugedeckt noch 5 Minuten unter gelegentlichem Wenden schmoren.

3. Den Mangold in einzelne Blätter pflücken, diese putzen, waschen und abtropfen lassen. Die innerste Rippe jedes Blattes herausschneiden und in feine Streifen schneiden. Alles in kochendes Wasser geben und zugedeckt 8 Minuten garen. Mit der Schaumkelle herausnehmen, gut abtropfen lassen und in eine Gratinform geben. Mit Pfeffer, Koriander und Salz würzen, die Kalbsröllchen darauflegen und mit dem restlichen Käse bestreuen. Unter dem Grill 10 Minuten überbacken.

Zubereitungszeit: ca. 3/4 Stunden
Pro Portion ca. 583 kcal/2439 kJ

Tip
Servieren Sie dazu für Nicht-Trennköstler Kroketten oder Rösti. Außerdem paßt eine Creme aus saurer Sahne und frischen Kräutern dazu (neutral).

Saltimbocca mit Gemüse

Eiweißgericht
Für 2 Portionen:

Für das Gemüse:
300 g Stangenspargel
150 g Zuckerschoten
Meersalz
20 g Butter
weißer Pfeffer
1 Bund Kerbel

Für die Saltimbocca:
2 dünne Kalbsschnitzel
(à 150 g)
1 Tl Zitronensaft
weißer Pfeffer aus der Mühle
Meersalz
2 zarte Blättchen Salbei
2 hauchdünne Scheiben
Bündner Fleisch
25 g Butterschmalz

1. Den Spargel waschen, putzen und schälen. Die Stangen in etwa 10 cm lange Stücke schneiden. Die Zuckerschoten waschen, den Stielansatz entfernen und evtl. die Trennfäden der Schoten abziehen.
2. Den Spargel in reichlich kochendes Salzwasser geben und 10 Minuten garen. Die Butter in einem weiten Topf erhitzen und die Zuckerschoten darin bei mäßiger Hitze 5 - 10 Minuten dünsten, dabei mehrmals durchrühren.
3. Den Spargel mit der Schaumkelle herausnehmen, zu den Zuckerschoten geben und kurz in der Butter schwenken. Das Gemüse mit Pfeffer und Meersalz würzen, den Kerbel waschen, trockentupfen, fein wiegen und

daruntermischen. Das Gemüse warmstellen.
4. Die Kalbsschnitzel leicht mit der Faust klopfen, mit Zitronensaft einreiben und mit Pfeffer und Meersalz würzen. Auf jedes Schnitzel ein Salbeiblättchen legen, darüber eine Scheibe Bündner Fleisch und beides jeweils mit einem Spießchen auf dem Schnitzel feststecken.
5. In einer beschichteten Pfanne das Butterschmalz erhitzen, die Schnitzel darin auf jeder Seite etwa 3 Minuten braten, sofort zusammen mit dem Gemüse servieren.

Zubereitungszeit: ca. 3/4 Stunden
Pro Portion ca. 458 kcal/1816 kJ

Tip
Dazu paßt ein zart-würziger Blattsalat, z. B. mit Rauke, Brunnenkresse oder Feldsalat, den Sie mit gehackten Sonnenblumenkernen bestreuen können. Für Nicht-Trennköstler servieren Sie dazu kleine Röstkartoffeln oder in Kräuterbutter geschwenkte gepellte Kartoffeln.

Hähnchen-
pfanne exotisch

Eiweißgericht
Für 2 Portionen:

**200 g Hähnchenbrust in
dünnen Scheiben
2 El frischgepreßter Orangensaft
1 El Sojasauce
1 El trockener Sherry
1 Scheibe frische Ananas
(100 g)
50 g Bambussprossen aus
dem Glas
100 g frische Champignons
100 g Frühlingszwiebeln
(geputzt)
einige Blätter Chinakohl
(ca. 50 g vom oberen, krau-
sen Teil)
25 g Butterschmalz oder
2 El Sesamöl
weißer Pfeffer
1 Msp. milder Curry
Meersalz**

1. Das Hähnchenfleisch in
Streifen schneiden. Den
Orangensaft mit der Soja-
sauce und dem Sherry
verrühren, diese Marinade
über das Fleisch geben
und es darin mehrmals
wenden.
2. Die Ananasscheibe in
kleine Stückchen schnei-
den, die Bambussprossen
abtropfen lassen und in
feine Streifen schneiden.
Die Champignons wa-
schen, putzen und blättrig
schneiden. Die Frühlings-
zwiebeln waschen, die
Wurzelenden und das
obere Drittel des Grüns
entfernen, das restliche
Grün in Röllchen und die
Zwiebelknolle in Streifen
schneiden. Die Chinakohl-
blätter waschen, trocken-
tupfen und in feine Streifen schneiden.
3. Das Hähnchenfleisch
auf ein Sieb schütten, die
Marinade auffangen und

das Fleisch gut abtropfen
lassen. In einer beschichteten Pfanne das Butter-
schmalz oder das Öl erhitzen und die Fleischstreifen
darin unter gelegentlichem
Wenden von allen Seiten
anbraten, mit Pfeffer,
Curry und Salz würzen,
dann herausnehmen und
warmstellen.
4. Im Bratfond zunächst
die Frühlingszwiebeln an-
dünsten, dann nacheinan-
der den Chinakohl, die Pilze, die Bambussprossen
und die Ananasstücke da-
zugeben, alles mit der aufgefangenen Marinade gut
durchmischen und zuge-
deckt bei schwacher Hitze
etwa 10 Minuten schmo-
ren. Das Hähnchenge-
schnetzelte darauf anrichten oder nach Belieben
daruntermischen.

Zubereitungszeit: ca. 40 Minuten
Pro Portion ca. 272 kcal/1138 kJ

Tip
*Für Nicht-Trennköstler
können Sie Bandnudeln
dazu anbieten (je 50 g
Rohgewicht pro Portion).*

Hähnchen-
keulen mit
Paprikagemüse

Eiweißgericht
Für 2 Portionen:

4 Hähnchenkeulen
2 El Sojasauce
1 El Zuckerrübensirup
1 Tl Paprikapulver edelsüß
1 Msp. Curry
weißer Pfeffer
600 g gemischte, bunte
Paprikaschoten
1 Zwiebel
1 Knoblauchzehe
25 g grüne Oliven
25 g Butter
2 El Sesamsaat
Meersalz
ein Hauch Chilipulver oder
ein Tropfen Tabasco

1. Die Hähnchenkeulen
abspülen, gründlich
trockentupfen und dicht
nebeneinander in eine
Form legen. Die Sojasau-
ce mit dem Zuckerrüben-
sirup verrühren, die Ma-
rinade über die Hähn-
chenkeulen träufeln, sie
wenden und in der Ma-
rinade 1/4 Stunde ziehen
lassen.
2. Dann herausnehmen,
abtupfen und mit Paprika,
Curry und Pfeffer würzen.
Den Backofen auf 200° C
vorheizen, ein Backblech
mit Backpapier auslegen,
die Hähnchenkeulen dar-
auf geben und ca. 45 Mi-
nuten backen. Zwischen-
durch wenden und mit der
Marinade bestreichen.
3. Inzwischen die Paprikaschoten waschen, vier-
teln, putzen und das
Fruchtfleisch in feine
Streifen schneiden. Die
Zwiebel und die Knob-

lauchzehe abziehen und
fein würfeln. Die Oliven
kleinschneiden.
4. Die Butter in einem
weiten Topf erhitzen, das
zerkleinerte Gemüse hin-
zugeben und unter häufi-
gen Durchrühren ca.
5 Minuten dünsten. Den
Deckel auflegen und das
Gemüse bei schwacher
Hitze in weiteren 5 Minu-
ten fertig dünsten. Sesamsaat, Pfeffer und Meersalz
untermischen, das Ganze
abschmecken und nach
Geschmack mit Chilipul-
ver oder Tabasco abrun-
den. Das Gemüse mit den
gegarten Hähnchenkeulen
servieren.

Zubereitungszeit: ca. 1 Stunde
Zeit zum Marinieren: ca. 1/4 Stunde
Pro Portion ca. 448 kcal/1874 kJ

Tip
*Für Nicht-Trennköstler
servieren Sie dazu Reis
mit reichlich frischen
Kräutern. Sie können zu-
sätzlich noch 200 g zarte
Zucchini zu den Papri-
kaschoten geben und mit-
dünsten.*

127

Gefülltes Brathähnchen

Eiweißgericht
Für 2 Portionen:

1 frisches oder aufgetautes Brathähnchen (ca. 1000 g mit Knochen)
weißer Pfeffer
Meersalz
1 Tl Paprikapulver edelsüß
1 Bund Petersilie
1/2 Tl getrockneter Thymian
1 kleine Zwiebel
50 g Sojasprossen
1 Stück Zucchino (100 g)
100 g Rinderhack (Tatar)
1 kleines Ei
2 El Zuckerrübensirup ("Rübenkraut") zum Bestreichen

1. Das Brathähnchen innen und außen kalt abspülen, gut trockentupfen und zunächst innen mit Pfeffer, Meersalz und Paprika würzen.
2. Die Petersilie waschen, trockentupfen, fein wiegen und zusammen mit dem Thymian ins Innere des Hähnchens streuen.
3. Die Zwiebel abziehen und fein würfeln. Die Sojasprossen zerkleinern, das Zucchinostück waschen, fein würfeln und zusammen mit den Zwiebelwürfeln und den Sojasprossen unter das Rinderhack mischen. Das Ei mit den Händen gut unterarbeiten, die Mischung mit Pfeffer und Meersalz würzen und in das Hähnchen füllen.

4. Das Hähnchen an Schlund und After mit Rouladenspießchen zustecken. Die Flügel feststecken, das Hähnchen rundherum mit Zuckerrübensirup bestreichen, mit Pfeffer, Paprika und Meersalz würzen und dann auf den Drehspieß des Backofens oder des Grills stecken.
5. Die Fettpfanne darunterstellen und das Hähnchen etwa 1 1/4 Stunden braten, dann noch 5 Minuten im ausgeschalteten Ofen oder Grill ruhen lassen. Zum Servieren das Hähnchen in der Mitte durchschneiden.

Zubereitungszeit: ca. 1 3/4 Stunden
Pro Portion ca. 435 kcal/1819 kJ

Tip
Dazu reichen Sie einen bunten, gemischten Salat. Denken Sie daran, daß Sie Salate zu Eiweißgerichten mit Zitronensaft, Sauermilchprodukten, Sahne oder Öl anmachen sollten.

Überbackenes Putengeschnetzeltes

Eiweißgericht
Für 2 Portionen:

250 g Putenbrust in dünnen
Scheiben
1 Zwiebel
200 g Champignons
100 g Karotten
75 g zarter Lauch
1 Stange Staudensellerie
1/2 Bund Petersilie
25 g Butterschmalz
weißer Pfeffer
Meersalz
2 El trockener Weißwein
2 El Crème fraîche (50 g)
80 g grob geraspelter Gouda
oder Emmentaler, 45% F. i. Tr.

1. Das Putenfleisch in schmale Streifen schneiden. Die Zwiebel abziehen und fein würfeln. Die Champignons waschen, putzen und blättrig schneiden. Die Karotten waschen, abbürsten und fein würfeln. Den Lauch waschen, putzen und in feine Ringe oder Streifen schneiden. Den Staudensellerie in dünne Scheiben schneiden. Die Petersilie waschen, trockentupfen und fein wiegen.

2. In einer beschichteten Pfanne das Butterschmalz erhitzen, das Putenfleisch von allen Seiten scharf darin anbraten, mit Pfeffer und Meersalz würzen und den Wein angießen.

3. Das Fleisch unter Umrühren darin 2 Minuten schmoren lassen, dann das Gemüse, die Pilze und die Petersilie dazugeben und das Ganze zugedeckt 15 Minuten bei schwacher Hitze leise köcheln lassen.

4. Die Crème fraîche unterrühren und das Ganze abschmecken. Das Geschnetzelte mit dem Gemüse in zwei kleine, flache hitzefeste Formen geben und mit Käse bestreuen. Unter dem Grill 10 Minuten überbacken.

Zubereitungszeit: ca. 40 Minuten
Pro Portion ca. 537 kcal/2247 kJ

Tip
Essen Sie dazu Salat. Für Nicht-Trennköstler servieren Sie noch Reis oder Baguette dazu.

Forellen "unter der Haube"

Eiweißgericht
Für 2 Portionen:

**2 küchenfertige Forellen
(à ca. 180 g)
Saft von 1/2 Zitrone
weißer Pfeffer
Meersalz
1 Tl Butter für die Form
300 g Karotten
300 g Tomaten
1 kleiner Bund Petersilie
1 El geschälte Sonnen-
blumenkerne
75 g geriebener Emmentaler
45% F. i. Tr.
100 g Sahne**

1. Die Forellen innen und außen unter fließendem Wasser kalt abspülen, gründlich trockentupfen und innen und außen mit Zitronensaft einreiben. 10 Minuten durchziehen lassen, dann wieder trockentupfen, mit Pfeffer und Meersalz innen und außen würzen. Eine Auflaufform mit Butter fetten, die Forellen hineinlegen.
2. Die Karotten waschen, abbürsten und fein raspeln. Die Tomaten waschen, vom Stengelansatz befreien, oben kreuzweise einritzen, überbrühen und die Haut abziehen. Die Tomaten entkernen, das Fruchtfleisch fein würfeln und zu den Karotten geben.
3. Die Petersilie waschen, trockentupfen und fein wiegen.

Die Sonnenblumenkerne fein hacken, dann zusammen mit der Petersilie zu dem Gemüse geben und alles gut vermengen. Die Masse über die Forellen verteilen. Den Backofen auf 200° C vorheizen.
4. Den geriebenen Käse unter die Sahne rühren und die Mischung über das Gemüse verteilen. Das Gericht bei 200° C etwa 1/2 Stunde garen.

Zubereitungszeit: ca. 1 Stunde
Pro Portion ca. 577 kcal/2414 kJ

Tip
Dazu können Sie noch eine kleine Portion Salat servieren. Sehr gut paßt zarter Kopf- oder Feldsalat. Für das Dressing nehmen Sie Zitronensaft und kaltgepreßts Pflanzenöl.

Gefüllte Makrelen mit Paprikagemüse

Eiweißgericht
Für 2 Portionen:

2 küchenfertige Makrelen (à ca. 200 g)
Saft von 1/2 Zitrone
weißer Pfeffer
Meersalz
30 g Butter
2 frische Blättchen Estragon
1 Zweig Thymian
1/2 kleiner Bund Petersilie
1 kleine Zwiebel
1/2 kleine Knoblauchzehe
500 g Paprikaschoten (evtl. rote und gelbe)
1 kleiner Zucchino (200 g)
2 El Mandelblättchen
4 El geriebener Parmesan, Pecorino oder Grana Padano

1. Die Makrelen innen und außen kalt abspülen, gründlich trockentupfen, dann innen und außen mit Zitronensaft einreiben und 10 Minuten durchziehen lassen. Wieder abtupfen, dann innen und außen mit Pfeffer und Meersalz würzen. Eine Auflaufform mit 1 Tl Butter ausstreichen.
2. Die Kräuter waschen, trockentupfen und fein wiegen. Die Zwiebel und die Knoblauchhälfte abziehen und fein würfeln. Das Gemüse waschen. Die Paprikaschoten vierteln, putzen und das Fruchtfleisch fein würfeln. Den Zucchino ebenfalls fein würfeln.
3. Die restliche Butter in einer beschichteten Pfanne erhitzen, zunächst die Zwiebeln und die Kräuter

Masse in die Makrelen füllen. Den Backofen auf 180° C vorheizen.
4. Im Bratfett das Gemüse 5 Minuten unter gelegentlichem Wenden andünsten. Es in die Auflaufform füllen, die Makerelen darauflegen und mit den Mandelblättchen und dem geriebenen Käse bestreuen. Im vorgeheizten Backofen 1/2 Stunde garen.

Zubereitungszeit: ca. 50 Minuten
Pro Portion ca. 706 kcal/2954 kJ

Tip
Für Nicht-Trennköstler reichen Sie dazu kleine Pellkartoffeln oder selbstgemachtes Kartoffelpüree.

131

Seezungenröllchen auf Blattspinat

Eiweißgericht
Für 2 Portionen:

**300 g frischer Blattspinat
20 g Butter
1 kleine Knoblauchzehe
weißer Pfeffer
1 Prise geriebene Muskatnuß
Meersalz
Butter für die Form
2 filetierte Seezungen (8 kleine Filets, insgesamt ca. 350 g)
Saft von 1/2 Zitrone
2 El trockener Weißwein
40 g feingemahlene Pinienkerne
50 g geriebener Parmesan**

1. Den Blattspinat waschen, putzen und harte Stiele entfernen. Die Blätter auf ein Sieb geben und mit kochendem Wasser überbrühen, dann gut abtropfen lassen.

2. Die Butter in einem Topf erhitzen, die Knoblauchzehe abziehen und fein würfeln, in der Butter leicht anbraten, dann den Blattspinat dazugeben und 5 Minuten mitdünsten. Mit Pfeffer, Muskat und Meersalz würzen. Eine Auflaufform mit Butter ausstreichen und den Spinat hineingeben. Den Backofen auf 180° C vorheizen.

3. Die Seezungenfilets kalt abspülen, trockentupfen und mit Zitronensaft und Wein beträufeln. In der Marinade 5 Minuten

ziehen lassen, dann abtupfen und mit Pfeffer und Meersalz würzen. Die Filets auf der Innenseite mit gemahlenen Pinienkernen und mit 40 g geriebenem Käse bestreuen, sie aufrollen und das Ende jeweils mit einem Holzspießchen feststecken.

4. Die Röllchen auf den Spinat setzen, den restlichen Käse darüberstreuen und das Ganze 25 Minuten im vorgeheizten Ofen backen.

Zubereitungszeit: ca. 40 Minuten
Pro Portion ca. 500 kcal/2082 kJ

Tip
Servieren Sie vorher eine kleine Vorspeise. Gut eignet sich ein neutraler Blatt- oder Rohkostsalat, der mit einem Sauerrahm- oder Joghurtdressing angemacht wird.

Gegrillte Rotbarben mit Fenchel

Eiweißgericht
Für 2 Portionen:

**2 küchenfertige Rotbarben
(à ca. 200 g)
weißer Pfeffer, Meersalz
3 El Olivenöl
4 El Zitronensaft
500 g Fenchelknollen mit
reichlich Grün
Butter für die Alufolie
1/2 kleiner Bund Petersilie**

1. Die Rotbarben abspülen, trockentupfen und mit Pfeffer und Meersalz würzen. Olivenöl und Zitronensaft zu einer Marinade verrühren. Den Fenchel waschen, abtrocken, das Fenchelgrün abschneiden, fein wiegen und dazugeben. Die Fische hineinlegen und etwa 2 Stunden im Kühlschrank durchziehen lassen. Zwischendurch mehrfach wenden.
2. Die Fenchelknolle in feine Streifen schneiden. Zwei große Stücke Alufolie (extrastark) zurechtschneiden, mit Butter bestreichen und das Gemüse darauf verteilen. Es leicht mit Pfeffer und Meersalz würzen.
3. Die Fische herausnehmen, auf das Fenchelgemüse legen und die Marinade darüberträufeln. Die Alufolie fest verschließen und das Ganze ca. 25 Minuten grillen. Darauf achten, daß die Hitze nicht zu stark ist.

**Zubereitungszeit: ca. 40 Minuten
Zeit zum Marinieren: ca. 2 Stunden
Pro Portion ca. 388 kcal/1623 kJ**

Gefüllter Zucchino

Eiweißgericht
Für 2 Portionen:

1 schöner, dicker Zucchino
(ca. 600 g)
20 g flüssige Butter
1 Tl getrocknete Kräuter der
Provence
weißer Pfeffer
Meersalz
250 g Rinderhack
1 kleines Ei
1 kleine Zwiebel
1 kleine Knoblauchzehe
50 g geriebener Parmesan
oder anderer Hartkäse
50 g süße Sahne

1. Den Zucchino waschen, längs halbieren, eine Hälfte schälen und so aushöhlen, daß ein Rand von 1 cm Dicke stehenbleibt, die andere Hälfte ungeschält in Scheiben oder Stifte schneiden.
2. Die ausgehöhlte Zucchinohälfte rundherum mit flüssiger Butter bestreichen, die restliche Butter in einer Auflaufform verteilen. Die Zucchinohälfte von allen Seiten mit Kräutern, Pfeffer und Meersalz bestreuen, in die Auflaufform legen, die Zucchinoscheiben oder -stifte außenherum verteilen und ebenfalls würzen. Den Backofen auf 180° C vorheizen.

3. Das Rinderhack mit dem Ei mischen, mit Pfeffer und Meersalz würzen. Die Zwiebel und die Knoblauchzehe abziehen, sehr fein würfeln und mit den Händen unter die Hackmasse arbeiten, bis sie glatt und geschmeidig ist. Den Käse unterkneten.
4. Die Hackmasse in die ausgehöhlte Zucchinohälfte füllen, die Sahne über die Zucchinoscheiben oder -stifte verteilen und das Ganze zugedeckt im vorgeheizten Backofen ca. 40 Minuten garen.

Zubereitungszeit: ca. 1 Stunde
Pro Portion ca. 626 kcal/2619 kJ

Tip
Dazu paßt Tsatsiki und grüner Salat.

Karottenflan

Eiweißgericht
Für 2 Portionen:

600 g Karotten
3 Eier (Gew.-Kl. 4)
weißer Pfeffer
1 Prise geriebene
Muskatnuß
Meersalz
100 g Sahne
1 kleiner Bund Petersilie
1 Spritzer Zitronensaft
Butter für die Form
1 El geriebene Mandeln
50 g geriebener
Emmentaler, 45% F. i. Tr.

1. Die Karotten waschen, abbürsten und auf der groben Reibe raspeln.
2. Die Eier sauber trennen. Das Eigelb mit Pfeffer, Muskat und Meersalz auf höchster Stufe 3 Minuten cremig rühren, dann die Sahne nach und nach unterschlagen. Die Petersilie waschen, trockentupfen, fein wiegen und unter die Eigelbmasse ziehen.
3. Das Eiweiß mit etwas Zitronensaft sehr steif schlagen. Eine kleine Auflaufform mit Butter ausstreichen und mit den Mandeln ausstreuen. Den Backofen auf 180° C vorheizen.
4. Die Karottenraspel mit einem Schneebesen unter die Eigelbmasse ziehen, dann den Eischnee gleichmäßig unterheben, das Ganze in die Auflaufform füllen, glattstreichen, mit Käse bestreuen und im Backofen bei 180° C ca. 30 Minuten backen. Heiß servieren.

Zubereitungszeit: ca. 1 Stunde
Pro Portion ca. 513 kcal/2146 kJ

Lauchgemüse mit Hackfleisch-bällchen

Eiweißgericht
Für 2 Portionen:

Für das Lauchgemüse:
600 g Lauch (geputzt)
20 g Butter
weißer Pfeffer
1 Msp. geriebene Muskatnuß
Meersalz
1 Msp. Instant-Gemüsebrühe
100 g Sahne

Für die Hackbällchen:
250 g Rinderhack
1 kleines Ei
1 kleine Zwiebel
weißer Pfeffer
1/2 Tl getrockneter Majoran
Meersalz
30 g geriebener Parmesan
Butterschmalz zum Braten

1. Die Lauchstangen längs halbieren und quer in dünne Scheiben schneiden. Sie auf ein Sieb geben und gründlich waschen. Gut abtropfen lassen.
2. Die Butter in einem weiten Topf erhitzen, den abgetropften Lauch dazugeben und unter Rühren von allen Seiten andünsten. Das Gemüse mit Pfeffer, Muskat und Meersalz würzen, das Instantpulver untermischen und die Sahne unterrühren. Das Gemüse 5 Minuten durchkochen lassen, umrühren, abschmecken und warm halten.
3. Das Rinderhack mit dem Ei gut vermengen. Die Zwiebel abziehen, fein reiben und zusammen mit Pfeffer, den Kräutern und Meersalz unter das Hack mischen, die Masse zu ei-

nem geschmeidigen Teig verkneten, dann den geriebenen Käse gut untermischen.
4. Butterschmalz in einer Pfanne erhitzen. Die Hackfleischmasse mit nassen Händen zu walnußgroßen Bällchen formen und diese im heißen Fett rundherum knusprig braten. Die fertigen Hackbällchen auf dem Lauchgemüse anrichten.

Zubereitungszeit: ca. 3/4 Stunden
Pro Portion ca. 757 kcal/3167 kJ

Tip
Wenn Sie eine Friteuse besitzen, können Sie die Hackbällchen darin fritieren. Sinnvoll ist dies aber erst, wenn Sie für mehr als zwei Personen kochen. Statt Lauch kann man auch Wirsing, Chinakohl, Kohlrabi, Brokkoli und Spargelstücke mit Hackbällchen servieren.

Rührreier mit Pilzen und Tomaten

Eiweißgericht
Für 2 Portionen:

Für das Tomatengemüse:
500 g Tomaten
2 Blättchen Estragon
1 Zweig Basilikum
20 g Butter
schwarzer Pfeffer aus der
Mühle
Meersalz

Für die Rührreier:
200 g frische Champignons
1 Frühlingszwiebel
4 Eier (Gew.-Kl. 4)
weißer Pfeffer
Meersalz
20 g Butter

1. Die Tomaten oben kreuzweise einritzen, einige Sekunden in kochendes Wasser tauchen (am besten auf einem Sieb) und dann mit einem spitzen Messer die Haut abziehen. Die Tomaten auf einer Zitruspresse vorsichtig ausdrücken, so daß die Kerne heraustreten, das Fruchtfleisch würfeln.
2. Die Kräuter waschen und die Blättchen fein wiegen. Die Butter in einem Topf erhitzen, die Tomatenwürfel darin rundherum andünsten, die Kräuter untermischen und das Gemüse mit Pfeffer und Meersalz würzen, anschließend warmstellen.
3. Die Pilze waschen, putzen und blättrig schneiden. Die Frühlingszwiebel waschen, putzen, das obere Drittel des Grüns

entfernen, den Rest in Röllchen schneiden, die Zwiebelknolle fein würfeln. Die Eier mit dem Schneebesen kräftig verquirlen und mit Pfeffer und Meersalz würzen.
4. In einer beschichteten Pfanne die Butter erhitzen, die Pilze und die Frühlingszwiebel darin rundherum andünsten, dann die Eiermasse darübergeben und etwas stocken lassen. Die Masse dann etwas zusammenschieben, evtl. wenden und fertigbraten. Mit dem Tomatengemüse servieren.

Zubereitungszeit: ca. 1/2 Stunde
Pro Portion ca. 387 kcal/1619 kJ

Tip
Für Nicht-Trennköstler können Sie dazu Baguette oder Bauernbrot reichen. Unter das Tomatengemüse kann man 2 El Crème fraîche rühren.

Prinzeßreis

Kohlenhydratgericht
Für 2 - 3 Portionen:

2 El Rosinen (30 g)
1 El brauner Rum, 54 Vol.%
1 Prise Meersalz
70 g Milchreis (Rundkornreis)
150 g süße Sahne
1 El Honig
1 Blatt helle Gelatine
etwas Zimt zum Garnieren

1. Die Rosinen über-
brühen, auf Küchenkrepp
abtropfen lassen, dann
mit dem Rum beträufeln
und durchziehen lassen.

2. Dann 180 ml Wasser
mit etwas Meersalz aufko-
chen, den Milchreis hinzufügen und unter gelegent-
lichem Durchrühren zuge-
deckt 1/4 Stunde köcheln
lassen.
3. Während des Kochens
50 g von der Sahne zu-
sammen mit dem Honig
unterrühren. Die Gelatine
nach Packungsanweisung
einweichen, quellen las-
sen, gut ausdrücken, un-
ter den heißen Reis rühren
und dabei auflösen. Die
Rumrosinen unter den
Reis mischen und das
Ganze abkühlen lassen.

4. Die restliche Sahne
steif schlagen und unter
den Reis heben, den Reis
in zwei Dessertschälchen
füllen und für 1 Stunde
kalt stellen. Leicht mit
Zimt bestreuen und dann
gut gekühlt servieren.

Zubereitungszeit: ca. 35 Minuten
Zeit zum Abkühlen: ca. 1 1/2 Stunden
insgesamt
Pro Portion (bei 3 Portionen)
ca. 285 kcal/1192 kJ

Tip
*Anstatt mit Rosinen kön-
nen Sie den Reis auch mit
anderen Trockenfrüchten,
z. B. Aprikosen oder Pflaumen, zubereiten.*

Apfelschnee

Kohlenhydratgericht
Für 2 Portionen:

**2 mürbe, süße Äpfel
(ca. 250 g)
1 Stückchen Vanilleschote
2 Blätter helle Gelatine
1 El Honig
2 cl Apfelkorn (20 Vol.%)
100 g süße Sahne
Zitronenmelisse zum
Garnieren**

1. Die Äpfel waschen,
vierteln, das Kernhaus
entfernen und das Frucht-
fleisch würfeln.
2. In einem kleinen Topf
50 ml Wasser erhitzen, die
Apfelstücke und die auf-
geschnittene Vanillescho-
te dazugeben und das
Ganze zugedeckt ca. 7
Minuten dünsten, bis die
Apfelstücke weich sind.
Inzwischen die Gelatine
nach Packungsanweisung
einweichen.
3. Das heiße Kompott
durch ein Haarsieb in eine
Schüssel streichen. Die
Gelatine ausdrücken und
unter Rühren im heißen
Apfelmus auflösen. Den
Honig und den Apfelkorn
untermischen und das
Mus kalt stellen.
4. Sobald es anfängt,
dicklich zu werden, die
Sahne steif schlagen und
unter das Apfelmus zie-
hen. Das Dessert auf zwei
Gläser oder Schälchen
verteilen, noch für 1 Stunde in den Kühlschrank
stellen, dann mit Zitronenmelisse garnieren.

**Zubereitungszeit: ca. 1/2 Stunde
Zeit zum Abkühlen ca. 1 1/2 Stunden
insgesamt
Pro Portion ca. 254 kcal/1063 kJ**

DESSERTS

Kokosbananen mit Sahne

Kohlenhydratgericht
Für 2 Portionen:

2 Bananen (geschält ca. 250 g)
2 El flüssiger Honig
50 g Kokosraspel
100 g geschlagene Sahne

1. Die Bananen schälen, in 1/2 cm dicke Scheiben schneiden.
2. Den Honig erwärmen. Die Bananenscheiben damit beträufeln.
3. In einer beschichteten Pfanne die Kokosraspel trocken anrösten, bis sie etwas Farbe angenommen haben, dabei die Pfanne rütteln.
4. Die Pfanne vom Herd nehmen und die Bananenscheiben auf die Kokosflocken legen. Die Pfanne etwas rütteln, dabei die Bananenscheiben vorsichtig umdrehen, so daß sie rundherum von Kokosflocken umgeben sind.
5. Die Bananenscheiben auf zwei Dessertteller verteilen und mit geschlagener Sahne servieren.

Zubereitungszeit: ca. 20 Minuten
Pro Portion ca. 457 kcal/ 1912 kJ

Mascarpone-Bananen-Dessert

Kohlenhydratgericht
Für 2 Portionen:

2 kleine vollreife Bananen (geschält ca. 200 g)
125 g Mascarpone, 83% F. i. Tr.
30 g Vollkornkekse
2 cl weißer Rum
2 El Zuckerrübensirup
frische Minzeblättchen zum Garnieren

1. Die Bananen schälen, eine mit einer Gabel zerdrücken und das Mus unter den Mascarpone rühren, die andere in dünne Scheiben schneiden.
2. Die Vollkornkekse grob zerbröckeln. Mit der Hälfte der Keksstücke zwei Dessertgläser auslegen, jede Portion mit 1 Tl Rum und 1 Tl Zuckerrübensirup beträufeln, dann die Hälfte der Mascarpone-Masse daraufgeben und glattstreichen.
3. Von den Bananenscheiben vier Stück für die Garnitur aufheben, die anderen schuppenartig auf die Mascaponecrème legen, die restlichen Keksstücke darauf verteilen und wieder mit je 1 Tl Rum und Zuckerrübensirup beträufeln. Die restliche Creme darübergeben und das Ganze 1/2 Stunde kalt stellen.
4. Dann jede Portion mit zwei Bananenscheiben und einem Minzeblättchen garnieren.

Zubereitungszeit: ca. 1/2 Stunde
Zeit zum Kühlen: ca. 1/2 Stunde
Pro Portion ca. 474 kcal/1983 kJ

Bratapfel

Kohlenhydratgericht
Für 2 Portionen:

2 große mürbe Äpfel (z.B. Boskop)
2 El Mandelstifte
2 El Rosinen
2 El brauner Rum
1 Tl flüssiger Honig
1 El kalte Butter in Flöckchen

1. Die Äpfel schälen, mit einem Apfelbohrer das Kernhaus herausstechen und die Äpfel in eine hitzefeste Form setzen.
2. Die Mandelstifte mit den Rosinen, dem Rum und dem Honig mischen, die Masse in die ausgehöhlten Äpfel füllen und oben leicht anhäufen.

3. Die Butterflöckchen darauf verteilen und die Äpfel im vorgeheizten Backofen bei 180° C ca. 20 Minuten braten. Dann auf zwei Teller setzen und heiß servieren.

Zubereitungszeit ca. 35 Minuten
Pro Portion ca. 217 kcal/908 kJ

Tip

Dazu paßt eine kalte Sauce aus Sahnedickmilch und Eierlikör oder geschlagene Sahne. Nicht-Trennköstler können dazu Vanillesauce oder Eiscreme essen (beide enthalten Milch und sollten nach den Regeln der Trennkost nicht mit einem Kohlenhydratgericht kombiniert werden).

Zabaionecreme

Kohlenhydratgericht
Für 2 Portionen:

2 Eigelb
2 El Rohzucker (nicht raffinierter, brauner Kristallzucker) oder flüssiger Honig
2 cl trockener Marsala oder Weinbrand
100 g geschlagene Sahne
6 Vollkorn-Butterkekse
Zitronenmelisse zum Garnieren

1. Das Eigelb in eine kleine Edelstahlschüssel geben. Für das Wasserbad einen weiten, flachen Topf halb mit Wasser füllen und dieses erhitzen, aber nicht kochen lassen. Die Schüssel hineinstellen und das Eigelb mit dem Schneebesen verquirlen, dabei den Rohzucker oder den Honig untermischen und

nach und nach den Marsala bzw. den Weinbrand einträufeln.
2. Die Masse bei milder Hitze mit dem elektrischen Handrührgerät zu einer schaumigen Creme aufschlagen. Vom Herd nehmen und im kalten Wasserbad abkühlen lassen. Die geschlagene Sahne unterziehen.
3. Die Kekse zerbröseln. Mit der Hälfte der Brösel zwei Dessertteller ausstreuen, die Hälfte der Creme einschichten, die übrigen Brösel daraufstreuen und die restliche Creme einfüllen. 2 Stunden kühlen, dann mit Zitronenmelisse garnieren und servieren.

Zubereitungszeit: ca. 1/2 Stunde
Zeit zum Abkühlen: ca. 2 1/2 Stunden insgesamt
Pro Portion ca. 353 kcal/1477 kJ

Haselnußparfait

Neutrales Gericht
Für 2 Portionen:

50 g feingeriebene Hasel-
nußkerne
2 Eigelb (von Eiern der
Gew.-Kl. 4)
3 El Zuckerrübensirup
100 g süße Sahne
gehackte Haselnußkerne
zum Garnieren

1. Die Hälfte der geriebenen Haselnüsse in einer
beschichteten Pfanne
trocken anrösten, mit den
ungerösteten mischen.
2. Einen weiten, flachen
Topf halb mit Wasser fül-
len und das Wasser erhit-

zen. Das Eigelb in eine
kleine Edelstahlschüssel
geben und verquirlen. Die
Schüssel in das heiße,
aber nicht kochende Was-
serbad stellen, bei milder
Hitze unter ständigem
Rühren den Zuckerrüben-
sirup untermischen und
die Masse kräftig auf-
schlagen. Die Nußmi-
schung einrieseln lassen.
3. Die Schüssel in einen
Topf mit kaltem Wasser
stellen und die Creme un-
ter weiterem Schlagen ab-
kühlen lassen.
4. Die Sahne steif schlagen und gleichmäßig unter
die Eigelbmasse ziehen.
Das Ganze in zwei oder
drei Schälchen füllen, in

den Gefrierschrank stellen
und einige Stunden lang
frosten.
5. Vor dem Servieren das
Parfait auf Dessertteller
stürzen und mit gehackten
Hasenußkernen bestreut
servieren.

Zubereitungszeit. ca. 20 Minuten
Zeit zum Abkühlen: ca. 10 Minuten
Zeit zum Frosten: ca. 3 Stunden
Pro Portion ca. 437 kcal/1828 kJ

Tip
Natürlich können Sie auch
Mandeln oder Walnußker-
ne verwenden. Fein
schmeckt auch ein Zimt-,
Rum- oder Eierlikörparfait.
Nicht-Trennköstler können
Schokoladensauce und
feines Biskuitgebäck dazu
essen.

Heidelbeer-parfait

Neutrales Gericht
Für 2 Portionen:

2 Eigelb (von Eiern der Gew.-Kl. 4)
40 g Rohzucker (aus dem Reformhaus)
100 g frische Heidelbeeren
100 g süße Sahne
Zitronenmelisse und Heidelbeeren zum Garnieren

1. Das Eigelb in eine kleine, hohe Edelstahlschüssel geben. Einen weiten Topf halb mit Wasser füllen, die Schüssel mit dem Eigelb hineinstellen und das Wasser erhitzen. Dabei die Eigelbe mit dem elektrischen Handrührgerät aufschlagen und den Zucker gründlich unterrühren.
2. Wenn das Wasser anfängt zu sieden, den Topf von der Herdplatte nehmen und die Eigelbcreme weiterschlagen, bis sie hell und cremig ist und die Rührbesen darin eine Spur hinterlassen.
3. Die Schüssel in ein kaltes Wasserbad stellen und die Eigelbcreme unter Rühren abkühlen lassen.
4. Die Heidelbeeren waschen, verlesen, pürieren und das Mus durch ein Haarsieb streichen. Dann unter die Eigelbcreme rühren.
5. Die Sahne steif schlagen und mit dem Schneebesen gleichmäßig unter die Eigelbmasse rühren. Die Masse in eine kleine, verschließbare Gefrierbox füllen und im Gefriergerät etwa 3 Stunden frosten.
6. Zum Servieren einem Löffel oder Eisportionierer in heißes Wasser tauchen und Nocken bzw. Kugeln abstechen. Das Parfait mit Zitronenmelisse und Heidelbeeren garnieren.

Zubereitungszeit: ca. 1/2 Stunde
Zeit zum Frosten: ca. 3 Stunden
Pro Portion ca. 346 kcal/1448 kJ

Tip
Das Parfait kann man noch mit weißem Rum verfeinern. Hübsch sieht es aus, wenn man das Heidelbeerpüree erst nach kurzem Anfrosten der Parfaitmasse mit einer Gabel unterzieht. Dann erhält man eine marmorierte Creme.

143

Mandarinen-Schichtspeise

Eiweißgericht
Für 2 - 3 Portionen:

2 Blätter helle Gelatine
2 Eigelb
50 g Rohzucker
1 unbehandelte Orange oder
Zitrone
100 g geschlagene Sahne
2 Mandarinen
Zitronenmelisse zum
Garnieren

1. Die Gelatine nach Packungsanweisung in kaltem Wasser einweichen und quellen lassen.
2. Das Eigelb in einem Rührgefäß mit dem Roh-zucker gründlich verquir-len. Von der Orange die Schale abreiben und hin-zufügen, dann die Frucht halbieren und den Saft auspressen, ihn ebenfalls zur Eigelbmasse geben. Alles miteinander kräftig aufschlagen.
3. Die Gelatine aus-drücken und in eine Tasse geben. Im heißen Wasser-bad auflösen, dann unter kräftigem Rühren unter die Eigelbmasse mischen. Die Masse in den Kühlschrank stellen, bis sie dicklich wird.
4. Inzwischen die Sahne steif schlagen, die Manda-rinen schälen und die Spalten aus den Trenn-häuten lösen. Zwei oder drei hohe Dessertgläser oder Sektgläser bereitstel-len und zuerst einige Man-darinenfilets hineingeben.
5. Die Sahne unter die Ei-gelbmasse ziehen und ei-ne Schicht auf die Manda-rinen geben, dann die restlichen Mandarinen-stücke und die Creme ab-wechselnd schichtweise einfüllen. Das Dessert ca. 1 Stunde im Kühlschrank fest werden lassen, dann mit Zitronenmelisse gar-niert servieren.

Zubereitungszeit: ca. 25 Minuten
Zeit zum Abkühlen: ca. 1 1/2 Stun-den insgesamt
Pro Portion (bei 3 Portionen)
ca. 335 kcal/1402 kJ

Weincreme

Eiweißgericht
Für 2 - 3 Portionen:

2 Blätter helle Gelatine
2 Eigelb (von Eiern der
Gew.-Kl. 4)
60 g Rohzucker
100 ml trockener Weißwein
100 g süße Sahne
4 - 6 grüne Weintrauben
zum Garnieren

1. Die Gelatine nach
Packungsanweisung in
wenig Wasser einweichen
und quellen lassen.
2. Das Eigelb in einem
hohen Rührgefäß mit dem
Rohzucker schaumig
schlagen, dann den Wein
kräftig unterquirlen.
3. Die Gelatine aus-
drücken, in eine Tasse geben und im heißen Was-
serbad auflösen. Dann et-
was Eigelbmasse ein-
rühren und diese Mi-
schung dann kräftig unter
die restliche Eigelbmasse
schlagen. Die Masse in
den Kühlschrank stellen,
bis sie anfängt, dicklich zu
werden.
4. Die Sahne steif schlagen und mit dem Schnee-
besen gleichmäßig und
die Eigelbmasse ziehen.
Die Creme auf zwei oder
drei Dessertgläser verteilen und im Kühlschrank
fest werden lassen.
5. Jede Portion mit zwei
Weintrauben garnieren.

Zubereitungszeit: ca. 20 Minuten
Zeit zum Festwerden: ca. 1 Stunde
Pro Portion ca. 384 kcal/1607 kJ

Tip

*Statt Weißwein können
Sie auch Rot- oder
Roséwein verwenden.
Garnieren Sie das Dessert
dann mit blauen Trauben.*

Himbeer-
mousse

Eiweißgericht
Für 2 - 3 Portionen:

200 g Himbeeren
3 El Zuckerrübensirup
50 ml trockener Sekt
2 Blätter Gelatine
50 g Crème double, 42% Fett
(dicker Süßrahm)
100 g geschlagene Sahne
4 - 6 frische Himbeeren zum
Garnieren
Minzeblättchen zum
Garnieren

1. Die Himbeeren waschen, verlesen und fein pürieren. Dann durch ein Haarsieb streichen und das Mark mit Zuckerrübensirup und Sekt gründlich verrühren.
2. Die Gelatine nach Packungsanweisung einweichen. Die Creme double cremig rühren und die Schlagsahne unterziehen. Die Gelatine ausdrücken, im heißen Wasserbad auflösen, einige El Himbeermasse unterrühren, dann diese Mischung gleichmäßig unter die Sahnemasse ziehen.

Die restliche Himbeermasse untermischen.
3. Die Creme ca. 3 Stunden kalt stellen und fest werden lassen. Dann mit einem Löffel, den man in heißes Wasser taucht, Nocken abstechen, auf zwei oder drei Dessertteller verteilen und jede Portion mit zwei frischen Himbeeren und einem Minzeblättchen garnieren.

Zubereitungszeit: ca. 1/2 Stunde
Zeit zum Festwerden: ca. 3 Stunden
Pro Portion (bei 3 Portionen) ca.
244 kcal/1021 kJ

Tip
Statt Sekt kann man auch Apfel- oder Orangensaft verwenden.

Exotischer Obstsalat

Eiweißgericht
Für 2 Portionen:

1 Karambole (Sternfrucht, ca. 100 g)
3 Kumquats (Zwergorangen, 75 g)
1 Kiwi (70 g)
2 frische Scheiben Ananas (ca. 200 g)
1 Stück Honigmelone (ca. 150 g Fruchtfleisch)
50 g Himbeeren
1 El Kokosraspel
3 cl Eierlikör nach Belieben

1. Die Karambole und die Kumquats waschen, abtrocknen und in dünne Scheiben schneiden.
2. Die Kiwi schälen und in Scheiben schneiden, diese vierteln.
3. Von den Ananasscheiben den stacheligen Rand entfernen, die Scheiben in Sechstel schneiden oder in kleinere Spalten.
4. Aus dem Melonenstück mit einem Kugelausstecher Kugeln herauslösen oder das Fruchtfleisch würfeln.
5. Die Himbeeren verlesen und waschen.
6. Die Früchte auf zwei Tellern hübsch anordnen, die Kokosraspel in einer Pfanne trocken anrösten und über die Früchte streuen. Nach Belieben den Eierlikör darüber verteilen.

Zubereitungszeit: ca. 1/2 Stunde
Pro Portion ca. 285 kcal/1192 kJ

Aprikosen-Parfait

Eiweißgericht
Für 2 Portionen:

2 Eigelb (von Eiern der Gew.-Kl. 4)
40 g Rohzucker (aus dem Reformhaus)
2 El Orangensaft
100 g frische, vollreife Aprikosen (entsteint)
100 g geschlagene Sahne
1 Tl gehackte Pistazien zum Garnieren
1 Aprikose zum Garnieren
Zitronemelisse zum Garnieren

1. Das Eigelb in eine kleine Edelstahlschüssel geben und mit dem Rohzucker verquirlen. Die Schüssel in ein warmes Wasserbad stellen und die Eigelbcreme kräftig aufschlagen. Dabei das Wasser zum Sieden bringen, den Orangensaft unter die Eigelbcreme schlagen und den Topf vom Herd nehmen. Die Creme ca. 3 Minuten weiterschlagen, bis sie hell, cremig und gefestigt ist.
2. Die Schüssel in ein kaltes Wasserbad stellen, unter ständigem Rühren abkühlen lassen.
3. Die Aprikosen waschen, entsteinen, klein-schneiden und pürieren. Das Püree unter die Eigelbmasse rühren.
4. Die Sahne steif schlagen und unterziehen, die Masse in eine verschließbare Gefrierbox füllen und ca. 3 Stunden frosten.
5. Das Parfait portionieren, auf zwei Tellern anrichten und mit gehackten Pistazien bestreuen. Mit Aprikosenspalten und Zitronenmelisse garnieren.

Zubereitungszeit: ca. 1/2 Stunde
Zeit zum Frosten: ca. 3 Stunden
Pro Portion ca. 346 kcal/1448 kJ

Tip
Parfaits können Sie in der gleichen Weise auch mit anderen Früchten der Eiweißgruppe zubereiten, so zum Beispiel mit Beeren, Kirschen, Zitrusfrüchten, Mangos etc.

Gorgonzola-Birnen

Eiweißgericht
Für 2 Portionen:

2 kleine, vollreife Birnen
1 El Zitronensaft
10 g Butter
3 El süße Sahne
75 g Gorgonzola, ca. 50% F.
i. Tr. (italienischer Blau-
schimmelkäse)
2 El gehackte Walnußkerne

1. Die Birnen waschen, halbieren und das Kernhaus entfernen. Die Schnittflächen mit Zitronensaft beträufeln, damit sie nicht braun werden.
2. Butter, Sahne und Gorgonzola in eine Schüssel geben und mit dem elektrischen Handrührgerät schaumig schlagen.
3. Die Masse in eine Tortenspritze füllen und mit gezackter Tülle Rosetten auf die Birnenhälften spritzen. Die gehackten Walnußkerne darauf streuen und je zwei Birnenhälften auf einem Teller anrichten.

Zubereitungszeit: ca. 20 Minuten
Pro Portion ca. 281 kcal/1176 kJ

Tip
Statt Butter und Sahne kann man auch Crème fraîche (dicke saure Sahne mit mind. 30% Fett) oder Crème double (dicke süße Sahne mit ca. 42% Fett) verwenden. Hübsch sieht es aus, wenn Sie statt der gehackten Walnußkerne geröstete Mandelblättchen in die Käsemasse stecken. Man kann die Birnenhälften auf zarten Salatblättern servieren.

WOCHENPLAN

Eine Woche Trennkost für Einsteiger

Montag	Frühstück	Zwischenmahlzeit	Mittagessen	Zwischenmahlzeit	Abendessen	kcal
	Haferflockenmüsli Seite 38 284 kcal	Hähnchenpfanne Seite 126 272 kcal	Kartoffelsuppe Seite 84 202 kcal			758
		Käse-Sandwich Seite 53 537 kcal	Tomatencocktail Seite 56 116 kcal			653
					Tageskalorien	**1411**

Dienstag	Frühstück	Zwischenmahlzeit	Mittagessen	Zwischenmahlzeit	Abendessen	kcal
	Käse-Toast Seite 37 472 kcal	Matjestartar Seite 96 264 kcal	Bandnudeln Seite 103 783 kcal			1519
		Radieschen-Hörnchen Seite 51 146 kcal	Bananenshake Seite 55 342 kcal			488
					Tageskalorien	**2007**

Mittwoch	Frühstück	Zwischenmahlzeit	Mittagessen	Zwischenmahlzeit	Abendessen	kcal
	Bananen-Röggli Seite 37 296 kcal	Kräuternudeln Seite 108 736 kcal	Tsatsiki Seite 97 210 kcal			1242
		Kräuter-Kefir-Drink Seite 57 99 kcal	Radieschen-Hörnchen Seite 51 146 kcal			245
					Tageskalorien	**1487**

Donnerstag	Frühstück	Zwischenmahlzeit	Mittagessen	Zwischenmahlzeit	Abendessen	kcal
	Pumpernickel-Müsli Seite 40 399 kcal	Tomatensuppe Seite 91 395 kcal	Nudelgratin Seite 107 834 kcal			1628
		Erdbeerquark Seite 60 242 kcal	Schwedenknäcke „Royal" Seite 52 216 kcal			458
					Tageskalorien	**2086**

Freitag	Frühstück	Zwischenmahlzeit	Mittagessen	Zwischenmahlzeit	Abendessen	kcal
	Frischkäse Seite 44 303 kcal	Kartoffel-Wirsing-Gratin Seite 110 624 kcal	Spinatsuppe Seite 85 277 kcal			1204
		Grapefruit-Snack Seite 61 174 kcal	Tomatenbrot Seite 51 185 kcal			359
					Tageskalorien	**1563**

Samstag	Frühstück	Zwischenmahlzeit	Mittagessen	Zwischenmahlzeit	Abendessen	kcal
	Vollkornbrote Seite 36 513 kcal	Gemüseeintopf Seite 102 144 kcal	Tortellini Seite 104 616 kcal			1273
		Tomaten-Cocktail Seite 56 116 kcal	Bananenshake Seite 55 342 kcal			458
					Tageskalorien	**1731**

Sonntag	Frühstück	Zwischenmahlzeit	Mittagessen	Zwischenmahlzeit	Abendessen	kcal
	Rührei Seite 47 308 kcal	Seezungenröllchen Seite 132 500 kcal	Zwiebelsuppe Seite 86 359 kcal			1167
		Schinken-Röllchen Seite 65 202 kcal	Joghurt-Cocktail Seite 56 209 kcal			411
					Tageskalorien	**1578**

Menü	Vorspeise	Hauptgericht	Beilage für Trennköstler	Beilage für Nicht-Trennköstler	Dessert
1	Feiner Salat	Überbackene Tortellini auf Blattspinat	Römischer Salat		Heidelbeerparfait
	Seite 94	Seite 104	Seite 73		Seite 143
Menü	**Vorspeise**	**Hauptgericht**	**Beilage für Trennköstler**	**Beilage für Nicht-Trennköstler**	**Dessert**
2	Kräutercremesuppe mit Sprossen	Kalbsröllchen auf Mangold	Radieschensalat	Kroketten	Weincreme
	Seite 89	Seite 124	Seite 74		Seite 145
Menü	**Vorspeise**	**Hauptgericht**	**Beilage für Trennköstler**	**Beilage für Nicht-Trennköstler**	**Dessert**
3	Tomaten mit Mozarella	Geschnetzeltes	Gemischter Lollo rossa	Rösti oder Spätzle	Himbeermousse
	Seite 100	Seite 122	Seite 72		Seite 146
Menü	**Vorspeise**	**Hauptgericht**	**Beilage für Trennköstler**	**Beilage für Nicht-Trennköstler**	**Dessert**
4	Gurkencremesuppe mit Dill	Reis auf Austernpilzen	Chicoréesalat	Kalbsschnitzel	Apfelschnee
	Seite 88	Seite114	Seite 74		Seite 139
Menü	**Vorspeise**	**Hauptgericht**	**Beilage für Trennköstler**	**Beilage für Nicht-Trennköstler**	**Dessert**
5	Räucherlachs mit Meerettichtsahne	Gemüse-Canneloni	Rapunzel (Feldsalat)		Zabaionecreme
	Seite 94	Seite 106	Seite 75		Seite 141
Menü	**Vorspeise**	**Hauptgericht**	**Beilage für Trennköstler**	**Beilage für Nicht-Trennköstler**	**Dessert**
6	Tomatensuppe	Seezungenröllchen	Gemischte Blattsalate	Salzkartoffeln oder Bandnudeln	Aprikosenparfait
	Seite 91	Seite 132			
Menü	**Vorspeise**	**Hauptgericht**	**Beilage für Trennköstler**	**Beilage für Nicht-Trennköstler**	**Dessert**
7	Spargel mit Bündner Fleisch	Rösti mit Frühlingszwiebeln	Karotten-Sellerie-Rohkost		Haselnußparfait
	Seite 99	Seite 111	Seite 75		Seite 143
Menü	**Vorspeise**	**Hauptgericht**	**Beilage für Trennköstler**	**Beilage für Nicht-Trennköstler**	**Dessert**
8	Sommer-Gemüse-Suppe	Brathähnchen	Gemischter Rohkostsalat	Pommes Frites	Obstsalat
	Seite 92	Seite 128			Seite 147
Menü	**Vorspeise**	**Hauptgericht**	**Beilage für Trennköstler**	**Beilage für Nicht-Trennköstler**	**Dessert**
9	Bunter Paprikasalat	Matjes	Pellkartoffeln		Apfelschnee
	Seite 77	Seite 121			Seite 139

WOCHENPLAN

Zwei Wochen Trennkost zum Abnehmen

Montag	Frühstück	Zwischenmahlzeit	Mittagessen	Zwischenmahlzeit	Abendessen	kcal
	Frischkäseschnittchen Seite 36 — 323 kcal		Kartoffel-Gemüse-Pfanne Seite 112 — 361 kcal		Kartoffelsalat mit Heilbutt Seite 67 — 274 kcal	958
		Tomatencocktail Seite 56 — 116 kcal		Müsli-Joghurt Seite 54 — 262 kcal		378
					Tageskalorien	**1336**

Dienstag	Frühstück	Zwischenmahlzeit	Mittagessen	Zwischenmahlzeit	Abendessen	kcal
	Bananen-Röggli Seite 37 — 296 kcal		Rotbarben Seite 133 — 388 kcal		Reispfanne Seite 115 — 393 kcal	1077
		Gefüllte Tomaten Seite 59 — 143 kcal		Feigenbrot Seite 50 — 297 kcal		440
					Tageskalorien	**1517**

Mittwoch	Frühstück	Zwischenmahlzeit	Mittagessen	Zwischenmahlzeit	Abendessen	kcal
	Haferflockenmüsli Seite 38 — 284 kcal		Gemüseeintopf Seite 102 — 144 kcal		Gefülltes Rohkostgemüse Seite 117 — 211 kcal	639
		Schinkenröllchen Seite 65 — 202 kcal		Schwedenknäcke „Royal" Seite 52 — 216 kcal		418
					Tageskalorien	**1057**

Donnerstag	Frühstück	Zwischenmahlzeit	Mittagessen	Zwischenmahlzeit	Abendessen	kcal
	Nußknackermüsli Seite 42 — 349 kcal		Gemüseplatte Seite 116 — 352 kcal		Kartoffelsalat mit Gurke Seite 66 — 267 kcal	968
		Tomatenbrot Seite 51 — 185 kcal		Joghurt-Cocktail Seite 56 — 209 kcal		394
					Tageskalorien	**1362**

Freitag	Frühstück	Zwischenmahlzeit	Mittagessen	Zwischenmahlzeit	Abendessen	kcal
	Frühstücksteller „Exotica" Seite 44 — 253 kcal		Nudelpfanne Seite 108 — 415 kcal		Türkischer Gurkensalat Seite 76 — 180 kcal	848
		Radieschen-Hörnchen Seite 51 — 146 kcal		Kräuter-Kefir-Drink Seite 56 — 99 kcal		245
					Tageskalorien	**1093**

Samstag	Frühstück	Zwischenmahlzeit	Mittagessen	Zwischenmahlzeit	Abendessen	kcal
	Fruchtsalat Seite 45 — 272 kcal		Chinakohlröllchen Seite 118 — 440 kcal		Zwiebelsuppe Seite 86 — 359 kcal	1071
		Schwedenknäcke „Royal" Seite 52 — 216 kcal		Karotten-Paprika-Drink Seite 57 — 143 kcal		359
					Tageskalorien	**1430**

Sonntag	Frühstück	Zwischenmahlzeit	Mittagessen	Zwischenmahlzeit	Abendessen	kcal
	Sonntagsfrühstück „Graubünden" Seite 46 — 333 kcal		Steaks Seite 122 — 362 kcal		Kartoffeln mit Mais Seite 113 — 458 kcal	1153
		Kräuter-Kefir-Drink Seite 57 — 99 kcal		Grapefruit-Snack Seite 61 — 174 kcal		273
					Tageskalorien	**1426**

Montag	Frühstück	Zwischenmahlzeit	Mittagessen	Zwischenmahlzeit	Abendessen	kcal
	Bananen-Apfel-Müsli Seite 39	354 kcal	Salatteller Seite 81	510 kcal	Kartoffelsuppe Seite 84	202 kcal	1066
		Kräuter-Kefir-Drink Seite 57	99 kcal	1 kleine Banane	60 kcal		159
					Tageskalorien	**1225**

Dienstag	Frühstück	Zwischenmahlzeit	Mittagessen	Zwischenmahlzeit	Abendessen	kcal
	Joghurtcreme Seite 42	342 kcal	Hähnchenpfanne Seite 126	272 kcal	Reissalat Seite 68	446 kcal	1060
		Kräutercreme Seite 43	130 kcal	Radieschen-Hörnchen Seite 51	146 kcal		276
					Tageskalorien	**1336**

Mittwoch	Frühstück	Zwischenmahlzeit	Mittagessen	Zwischenmahlzeit	Abendessen	kcal
	Rührei Seite 47	308 kcal	Sommergemüsesuppe Seite 92	272 kcal	Rösti Seite 111	424 kcal	1004
		Karotten-Paprika-Drink Seite 57	117 kcal	Müsli-Joghurt Seite 54	262 kcal		379
					Tageskalorien	**1383**

Donnerstag	Frühstück	Zwischenmahlzeit	Mittagessen	Zwischenmahlzeit	Abendessen	kcal
	Pumpernickel-Müsli Seite 40	399 kcal	Balkansalat Seite 82	381 kcal	Chinakohlröllchen Seite 118	440 kcal	1220
		1 mittelgroßer Apfel	55 kcal	150g Joghurt (fettarm)	80 kcal		135
					Tageskalorien	**1355**

Freitag	Frühstück	Zwischenmahlzeit	Mittagessen	Zwischenmahlzeit	Abendessen	kcal
	Karotten-Apfel-Müsli Seite 41	370 kcal	Gefüllte Tomaten Seite 98	298 kcal	Nudelsalat Seite 70	340 kcal	1008
		Schinkenröllchen Seite 65	202 kcal	1 kleine Banane	60 kcal		262
					Tageskalorien	**1270**

Samstag	Frühstück	Zwischenmahlzeit	Mittagessen	Zwischenmahlzeit	Abendessen	kcal
	Kräutercreme u. 1 Vollkornbrötchen Seite 43	230 kcal	Geschnetzeltes Seite 122	386 kcal	Spinatsuppe Seite 85	277 kcal	893
		Grapefruitsnack Seite 61	174 kcal	Gefüllte Tomaten Seite 59	143 kcal		317
					Tageskalorien	**1210**

Sonntag	Frühstück	Zwischenmahlzeit	Mittagessen	Zwischenmahlzeit	Abendessen	kcal
	Gemüse-Eierflocken Seite 48	316 kcal	Spargel Seite 99	285 kcal	Zwiebelsuppe Seite 86	359 kcal	960
		1 mittelgroßer Apfel	55 kcal	Himbeerquark Seite 60	242 kcal		297
					Tageskalorien	**1257**

REZEPTVERZEICHNIS

Rezeptübersicht nach Kapiteln

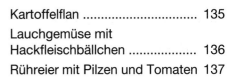

Vorspeisen

Hauptgerichte

Desserts

REZEPTVERZEICHNIS

Alphabetisches Rezeptverzeichnis

Rezeptverzeichnis nach Eiweiß-, Kohlenhydrat- und neutralen Gerichten

Eiweißgerichte

Kohlenhydratgerichte

Neutrale Gerichte

© Naumann & Göbel Verlagsgesellschaft mbH in der
VEMAG Verlags- und Medien Aktiengesellschaft, Köln
Autorin: Sonja Carlsson, Dipl. oec. troph.
Fotos: Bavaria, Düsseldorf (Seiten 13, 29 und 30)
Alle übrigen Fotos und Gesamtherstellung: Naumann & Göbel Verlagsgesellschaft mbH, Köln
Alle Rechte vorbehalten
ISBN 3-625-10847-X